合作育人案例研究

主　编　吴衍香　于　林
副主编　陈凯功　韩海清　赵淑娟
　　　　郭有田
编　委　徐　蕾　刘　婧　李　娟
　　　　王盼盼　王广莉　纪倩倩
　　　　赵　盼　刘　霞　王瑞玲
　　　　谷艳梅　王玉香

中国矿业大学出版社
·徐州·

图书在版编目(CIP)数据

合作育人案例研究 / 吴衍香，于林主编. — 徐州 ：中国矿业大学出版社，2024. 6. — ISBN 978 - 7 - 5646 - 6313 - 1

Ⅰ. G625.1

中国国家版本馆 CIP 数据核字第 2024TF0577 号

书　　名　合作育人案例研究

主　　编　吴衍香　于　林

责任编辑　史凤萍

出版发行　中国矿业大学出版社有限责任公司

（江苏省徐州市解放南路　邮编 221008）

营销热线　(0516)83885370　83884103

出版服务　(0516)83995789　83884920

网　　址　http://www.cumtp.com　**E-mail**:cumtpvip@cumtp.com

印　　刷　苏州市古得堡数码印刷有限公司

开　　本　787 mm×1092 mm　1/16　**印张** 14.5　**字数** 230 千字

版次印次　2024 年 6 月第 1 版　2024 年 6 月第 1 次印刷

定　　价　48.00 元

序

在教育教学的道路上，我们常常面临各种复杂的挑战和教育问题。通过山东省吴衍香优秀班主任工作室的老师们的亲身经历，我们得以一窥他们对于教育问题的认真思考和不懈探索的努力。

本书共分为三章，分别是教育故事、治班方略和班会设计。先是通过多篇“教育故事”分别展现了老师们在教育实践中所面临的教育挑战，并展示了老师们不断探索、努力实践的精神面貌。一方面，他们细心关怀、耐心倾听，注重从孩子的角度去理解问题；另一方面，他们敢于面对问题，运用不同的方法和思维来解决教育难题。这些亲身经历不仅是一篇篇关于教育实践的文章，更像是一部教育者的自我反思和成长日志，展现了对教育的热情与责任心，以及对每个孩子的关爱和呵护。教师讲述自己的教育故事，不是为了检验某种教育理论，也不是为了建构一种教育理论，更不是要向别人炫耀自己的研究成果，而是以自我叙述的方式来反思自己的教育教学活动，并通过反思来改进自己的行动和实践。从这个角度来说，这本书的潜在价值就能够被放大，值得所有班主任拥有。

在本书中，还有关于“治班方略”的板块，它能帮助班主任非常好地解决在教育教学中“知其然，不知其所以然”的问题。通过阅读这个板块，我们能够对自身的教育行为和实践进行对照和分析，极大地促进自身的专业发展。在治班方略板块，老师们把经典引入班级管理中来。在经典诵读的育人理念下，以及对班级情况的深入分析之后，提出了经典诵读的班级发展目标，旨在通过此教学策略，提高学生的语言能力、文化素养、品德修养、知识视野和身心健康。那些源远流长的中华传统文化，将因这样的创新教学而焕发新的生机。在新课标高度重视经典古诗文教学的当下，这一教学策略应运而生，它将激发学生对祖国语言文字的热爱，提高学生的语言积累、理解、运用能力，进一步促进学生的全面发展。

同时，本书中还有多篇文章阐述通过“主题班会”培养学生各个方面的能力和好习惯。以“珍惜时间的好习惯”主题班会为例，这次班会的目标是让学生认识到时间的可贵性，树立珍惜时间的思想意识，培养时间观念，学会管理时间，真正做时间的主人。经过韩老师精心的准备和认真的实施，班会圆满结束。在这次班会中，学生仿佛打开了珍贵的珠宝匣子，洞悉了时间的宝贵之处。他们学会了分清事情的轻重缓急，体验到了珍惜时间和高效利用时间的重要性。班会上，韩老师和学生们一同探讨了时间管理的方法，分享了珍贵的故事和感悟，一起制订了珍惜时间、管理时间的计划。在这次班会结束之时，同学们展现出了更加积极向上的态度，表现出了更强的时间管理意识和能力。他们有了更加明确而坚定的目标，珍惜每一分钟，努力去实现自己的梦想。这次班会告诉我们，教育的道路充满了挑战和磨砺，但只要坚守初心、不断探索，便能找到改善的方法和方向。这不仅仅是关于班会的总结，更是教育者的自我反思和成长日志，可以让我们在教育教学的过程中进行实践与应用。

在育人的征程中，书中每一位教师都是智慧之花的播种者和培育者。老师们以其独特的育人理念和实践经验，带领着班上的学生在道德品质、心理素质和行为习惯方面得到全面发展，为他们绽放出智慧之花奠定了坚实的基础。我们要肯定并支持老师们在育人工作中所展现的独特才华和不懈努力。老师们不仅是教育者，更是学生心灵的引路者，不断调整育人思路，注重言传身教，引导学生自主学习，培养学生的自主性和创造性。老师们的育人方略将引领学生朝着更加积极向上的目标前进，他们的坚定信念与执着付出必将为班级带来新的活力和希望。期待老师们和学生共同绽放智慧之花，创造更加美好的未来。

目　　录

教育故事

治班方略

班会设计

教育故事

沙漏里的星光

韩海清

一、案例呈现

这是四支漂亮的沙漏:白色的显示着晶莹,蓝色的诠释着透彻,黄色的流露出温馨,绿色的泛着生机。这是“小卫士”在午间读书时没收的。它们以小巧的造型、光洁的外表,赢得了不少孩子的课余甚至是课堂时间。现在它们静静地躺在讲台一角的粉笔盒里,不说话,却透出某种吓人的、引诱的魅力:经过这里时,所有人的目光都会被它们吸引过来,当然,也包括我。

这是一件很普通的事情,它从我的学生时代就存在,一直到我也有了自己的学生还一直不断地在上演:四支沙漏中最漂亮的黄色那支没有了。

当“小卫士”和早到校的孩子跑来告诉我的时候,教室里一下静了下来,所有的孩子都瞪大眼睛看着我。我的眼光迅速滑过讲台,千真万确,只剩三支,我又迅速地看了看昨天不是值日生的“值日生”芮芮,她正低垂着头,手里把玩着铅笔,她拒绝与我做正面眼光接触。我心里似乎明白了:为什么昨天她主动要求值日,为什么她迟迟不肯离开教室,为什么在我回来检查门窗时她站在讲桌前惊慌失措。

二、问题及分析

芮芮是一个来自单亲家庭的孩子，爸爸妈妈离异后她的抚养权属于妈妈，而妈妈在外地上班，她就一直跟姥姥一起生活。姥姥总认为芮芮没有了完整的家庭，比其他孩子欠缺了许多，所以对她比较溺爱，平时碰到一些孩子们之间的小矛盾小摩擦，姥姥总是习惯性地指责别的孩子。或许是姥姥的溺爱，也或许是从来没有人给她灌输边界感意识，在她的思维里，她认为"只要我喜欢，就是我的"，这是物权意识不明晰。即使她模糊地知道什么是对的，什么是错的，但有时还是不能约束自己的行为，总是希望拥有自己喜欢的东西，并且想办法得到它。这种行为无关道德，也无关品质。

三、方法指导

著名儿童心理学家皮亚杰认为，孩子的道德发展有一个由他律逐步向自律、由客观责任感逐步向主观责任感转变的过程。在这个转变过程中，有的时候孩子自身不具备相应的能动性，这就需要我们做老师或者做家长的给孩子助力。

基本锁定芮芮之后，我并没有大张旗鼓地去问她。我想一定要用一种合适的方法去处理这件事情，既能找到丢失的沙漏，还能最大限度地保护孩子的自尊，并且这种做法还要不引起姥姥的戒备心理和排斥心理。于是，我想到了信任。

信任是涉及交易或交换关系的基础，在人际关系中有着很重要的地位。安全感的满足需要信任，归属感的满足需要信任，认同感的满足需要信任，爱的满足同样也需要信任。在班级管理工作中，师生之间的信任尤为重要。

下课后，我悄悄地把芮芮叫到一边，把寻找沙漏的任务交给了她。我很真诚地看着她的眼睛，告诉她我相信她是班里最细心的孩子，我觉得只有她才能找到那支沙漏。在中午的读书时间，她兴奋地跑过来，大声对我说，在粉笔盒的底下，她找到了那支黄色的沙漏。她的眼睛晶晶亮，眸子里充满了如释重负的光彩。我接过那支带着她手的温度、有些微微湿润的沙漏，微笑着点点头。窗外，一树的玉兰花正争芳斗艳，无边的粉色如海一样涌进眼帘。

四、经验与思考

其实这个时候我虽然没有说话，但是内心跟芮芮一样也如释重负。我知道在这件事情的处理上，我对这个孩子的教育成功了。我们不妨设想一下，如果当时我采取的是简单粗暴的解决方法，对芮芮来一顿批评或者吓唬，那么这件事情的发展大概率会偏离我们的预期。实践证明，这种信任处理法无疑是成功的，无论是对芮芮或者是对全班孩子的触动应该都很大，在带这个班的后续几年中，这种类似的事情再也没有出现过。这个班我带了整整六年，这件事情发生后，我发现芮芮逐渐有了许多的改变，她变得更喜欢围绕在老师身边、更热心于班级的事务，她甚至成了我的得力小助手。

处处留心皆学问，孩子们的事都是小事，但也都是“大事”。只有我们真正沉下心来，用智慧与耐心来认真对待这一件又一件的小之又小的事儿，我们才会让孩子们真正成长，而我们自己在班主任的道路上也会得到更好、更快、更长远的成长。

理解给予教育正能量

赵淑娟

一、案例呈现

孩子之间的身体碰撞和语言较量，好像永远也不能停止。打架事件也永远处于进行时中……如今，已经当了十多年班主任，我感悟更多的是教育其实就是理解，是当孩子们遇到挫折、麻烦时，接纳孩子们的情绪，站在孩子们的立场进行评判，站在父母的角度进行安慰。这样，我们才能走进孩子们的内心，成为他们的朋友。孩子们才会配合我们一起完成事情的处理过程，积极想办法让问题得以解决。

感悟到理解的重要性后，当再次遇到班级里孩子之间的打架事件，我便会静下心来，让自己远离暴怒，远离想当然，远离印象分，远离标签似的评语和说教式的指责，然后，一点点地让自己走进孩子们的内心世界。

二、问题及分析

身为班主任，其中的一项工作就是每天中午都要在舍区里看着自己班的孩子睡觉。一天中午，两个孩子趁我不注意时打起架来。我发现时，两个人都打恼了，两眼通红，谁也不想让步。我把两人分开，让他们冷静了二十多分钟，然后进行了交谈。这两个孩子一个是乐乐，这个孩子高大壮实，很好动、性格叛逆；另一个是宸宸，这个孩子正好相反，身体瘦弱，性格内向，很自我。这两个孩子的家长都非常在意孩子的健康，每当自己的孩子被别人碰一下、蹭一下都要到医院做各种身体检查。这样的两个孩子打起架来，都不肯认错，也不肯让步。

我把两个孩子分开，让他们一个一个地到我面前说说事情的来龙去脉。

乐乐先说："宸宸用脚踢了我的头，我很疼，就打他了。"

我马上附和他："哦，你肯定是疼极了，否则你不会打他的。"

乐乐很意外、很感激地看着我，小声地说："您说得对，赵老师。我是感觉头很疼才踢他的，然后他又用脚踢我，我又打他，现在我的头一直在痛。"

两个孩子都在小声地哭泣着……

我对乐乐说："我很理解你，你是没有过错的。现在我问问宸宸是怎么说的，好吗？"

乐乐合作地点了一下头。

这时候的宸宸，哭着对我说："乐乐先用屁股撅我，占我的床位，我才用脚踢了他。"

我及时地点了一下头，对他说："那你一定是很生气才踢他的，你觉得他在欺负你。"

宸宸也非常意外，并且认可地点点头，然后说："赵老师，乐乐以前也总占我的床位，欺负我，每次我都忍着，今天我不想忍了。我踢他，他也用脚踢我，踢在我的眼睛上，现在还很疼。我是在反抗他。"这时的两个孩子还都在为自己的不当行为找恰当的理由，证明自己是没有过错的。

我把两人拉到跟前，很真诚地告诉他们俩："看来你们俩不管是'出手'还是'出脚'都是有原因的。接下来，我们就需要把家长请过来，陪我们一起到医院去，好好做个检查。去医院之前，我们先商量一下，医药费怎么拿？"

乐乐抢着说："我多拿一些吧，是我先用屁股撅他的。"

宸宸小声地说："我认为应该平均拿，我们两个都有错。"

此时，我看到两个孩子的态度有了明显的转变。

三、方法指导

我马上出主意，因为我是数学老师，我说："这样吧，我们先统计一下打的次数，看看谁打得重、打的次数多，谁就多拿一点吧。"

乐乐认真地说："我都数了，我打了他十多下，他打了我正好十下。好像我打得多一点。"

宸宸也被感染了，认真地说："好像是十下，我都是用脚踢的，他有的时候用脚踢、有的时候用手打，应该我打得重一点。"

两个孩子一个说自己打的次数多，一个说自己打得重一些，思想态度有了更加可喜的转变。这是多么高的觉悟呀，听了两个孩子的话，我觉得特别感动。我对这两个孩子说："你们俩都是好孩子，老师是不会让你们出钱的。去医院检查，老师出钱。"

这时我又追问了一遍："你们俩现在还疼吗？"

乐乐开心地说："好像不疼了。"

宸宸也附和着说："没有什么感觉了。"

我赶紧问："那我们还用不用请家长过来，一起去医院检查了？"

两人同时说："不用了，我们想去上课。"

四、经验与思考

这次的打架事件，在我和孩子们之间的对话中，孩子们感受到来自老师的理解，最终很好地解决了问题。看着孩子们互相道歉并且手拉手一起走进教室，我的心里特别感动。

后来我明白了，这就是"同理心"起了作用。在这次处理问题的过程中，我没有过多地责怪、过多地批评，而是接纳孩子们的情绪，理解孩子们，站在孩子们的立场想问题，赢得了孩子们的信任，最终化干戈为玉帛，孩子们互相原谅了对方。

评语也变革

赵淑娟

一、案例呈现

素质报告手册上的操作评语，是班主任每学期的必修课，要通过一学期的观察对学生进行中肯的评价，和家长进行有效的沟通和交流。准确、恰当、亲切的操行评语是激励学生奋发上进的有力推手。别开生面的评语，定会点燃学生心灵的希望之光。

小学阶段的天使们，思想活跃，情感单纯，非常在意老师的评价。他们把老师的话当成圣旨一般，尤其在意班主任说的话。班主任恰如其分的评语，可能成为他们成功开启新学期的一把钥匙。

二、问题及分析

班主任给学生写评语是一项常规性的工作。要写出好的评语并非易事，如果把这些评语写得千篇一律、大同小异，里面的建议就不会触动孩子和家长的神经，收效就会甚微，也就会失去应有的作用。怎样将单纯地写评语，转化为指导学生总结经验、找出差距、发扬成绩、克服缺点，以及激励学生上进的教育使命，是我在教育工作中不断总结思考的问题。

平时课堂上我喜欢编顺口溜来表扬或揶揄孩子，因此报告手册上，我会用欢快的话语，“幽”孩子们一“默”，在说笑中让孩子们有所感悟。我为每个学生准备了八句话。孩子们是非常喜欢这些评语的，有的孩子甚至会背诵。

三、方法指导

（一）每人八句顺口溜

李涵雪是一个重感情、爱黏人的小可爱，学习成绩很突出，但不愿为别人服务，总是找各种各样的理由和借口为自己的偷懒开脱。我对这个孩子是又爱又无奈。这样一个孩子我送她的八句话是：“李家小女叫雪儿，课下黏人也不赖。各门学科有天赋，是个学习小天才。个性突出有主见，不爱劳动就爱玩。双手搂着亲亲你，表达一份师生爱。”

纪彦臣是一个自制力很差的男孩，课堂上总也坐不住，一会儿坐下，一会儿起来，一会儿下位，一会儿抢话。很多老师对他束手无策，这是他的致命伤。可这样一个孩子，总愿放学留下来帮助值日生打扫教室，甚是善良。对此我写的评语是：“古灵精怪小男孩，思维活跃是人才。主动留下为值日，组长喜欢组员爱。课上课下坐不住，自制力差也无奈。各科老师皆用心，一起帮助改过来。”

贺冰是一个学习成绩较差的孩子，其时这个孩子除了学习成绩不好、比较懒散不愿意写作业以外，其他方面还是不错的。她非常有礼貌、爱劳动，但我能感觉到她平时比较自卑，也不太愿意和别人交流。对此我写的评语是：“文静漂亮小女生，遵守纪律讲卫生。劳动任务能完成，学习吃力惹人疼。浅浅一笑很可爱，对待同学很真诚。尊敬师长有礼貌，学校活动往前冲。”

孙圣彤是一个性格活泼的孩子，平时大大咧咧，特别粗心，学习成绩平平，但书写认真，愿意和老师亲近，是个惹人喜爱的学生。我写的评语是：“孙家漂亮大女儿，性格活泼又开朗。善解人意心欢畅，团结同学尊师长。粗心大意会出错，上课走神师不让。书写认真字迹亮，学习成绩能跟上。”

赵宸熙是一个爱读书、会表达的孩子，同时又是一个丢三落四经常不带作业、书写很差的学生。他不会控制情绪，经常大吵大闹。他跟同学们发生摩擦时，经常受伤，而受伤后却总能原谅别人。对此我的评语是："喜爱读书小男孩，书写潦草性格强。会动脑筋爱思考，学习成绩能跟上。发起火来不讲理，忘拿作业是家常。爱好广泛会表达，调皮可爱心善良。"

高岩是一个高智商的小男孩，愿意承担各种任务，并能高质量地完成。他精力充沛，常常惹事，但有很多特长，我对他是喜爱有加。引导好了，这是一个人才，但稍不留意就会出现思想的枝杈，需要及时约束和督促。我送他的评语是："聪明帅气高智商，学校任务放心上。性格活泼又开朗，开展工作能力强。多才多艺有特长，学生心中好榜样。自我约束需加强，长大定能居人上。"

李凯朣是一个很要强的小男孩，愿意给同学们当小老师，思路清晰，声音洪亮，很受同学们的欢迎，可书写实在是太潦草了，做题速度飞快，总是出现计算错误。对此我的评语是："聪明活泼小男生，声音响亮如洪钟。讲题思路很开阔，是个优秀小先生。做题速度有些快，只求数量不用功。书写字迹有些乱，端正态度有前程。"

（二）诗句评语很拉风

我们都知道"水不激不跃，人不激不奋"。现代行为科学认为，一个人在没有受到激励的情况下，他的能力是很难发挥出来的。诗词歌赋，言简意赅，我用它们去激发学生的学习动机，去调动学生的积极性、主动性、创造性，我在尝试中已收到良好的效果。我本人喜欢国学，我充分利用这一爱好，就用诗句送给毕业班的学生。

对于勤奋的孩子我送他："书山有路勤为径，学海无涯苦作舟。百尺竿头，共进一步！"

对于思想品德高尚的孩子，我送他："出淤泥而不染，濯清涟而不妖。"

对于主动学习的孩子，我赠言他："知之者不如好之者，好之者不如乐之者。"

对有理想有抱负的孩子我勉励他："不飞则已，一飞冲天；不鸣则已，一鸣惊人。"

对于懒惰的孩子我送他："黑发不知勤学早，白首方悔读书迟。"

而对于只知死记知识、不会变通的孩子，我激励他："纸上得来终觉浅，绝知此事要躬行。"

对于喜爱读书的孩子，我送他："读书破万卷，下笔如有神。腹有诗书气自华。"

下发素质报告手册时，孩子们都抢着看这些评语，并将其作为自己的励志格言进行收藏。

（三）论语名句更高端

平日里，我会抽出点点滴滴的时间和孩子们一起学习四书五经。论语里面的名句是孩子们的最爱，我则免费赠送给孩子们，让孩子们用心感悟和体会里面的含义。

对于品德高尚的孩子，我送他一句"德不孤，必有邻"。对于爱告状的孩子，我则送他"君子坦荡荡，小人长戚戚"。对于爱学习的孩子，我送他一句"敏而好学，温故知新"。对于常犯错的孩子，我则送他一句"君子求诸已，小人求诸人。一日三省，见贤思齐"。对于有礼貌的孩子，我送上"文质彬彬，然后君子"。对于话太多的孩子，我则送他"言寡尤，行寡悔"。对于爱给别人起外号的孩子，我会送上一句"己所不欲，勿施于人"。

四、经验与思考

寒来暑往，清新的评语在我对又一届新生的教育工作中发挥着它独特的作用。每当学期末写评语时，我都力求因人而异，实事求是，含蓄新颖。从收到的效果来看，是令人满意的。评语的改革，不仅大大激起了家长的参与热情，也进一步鼓起了学生前进的动力。

以上是我对改革操作评语的一些尝试和探索，希望评语能够发挥更大的教育功能，引起学生心灵的共鸣，调动他们的积极性，挖掘他们的潜力，发展他们的个性，让他们全面发展，以适应现代社会对人才的需求。

通过几年来的尝试，我越发深刻地认识到：教师要用心写评语，在其间倾注的心血越多，评语就越精彩、越贴切，越能更好地发挥它的教育作用。总之，教者若有心，学者必得益，让我们用心对待工作中的每一处细节，教学的路上必将收获累累硕果。

先礼后兵有奇效

赵淑娟

一、案例呈现

作为教师的我们，在管理学生时，往往放不下身架、蹲不下身子、丢不开面子，习惯于高高在上，其实这种错位的管理和批评收效甚微。当我们面对犯错的孩子时，如果能够静下来、蹲下来，和孩子拉拉家常，让孩子卸掉身上的盔甲，在和谐、愉悦的气氛中讲道理，效果会更佳。

姜坤是一个重感情，在乎别人的评价，情绪起伏比较大，经常对人充满敌意的一个孩子。他还非常喜欢上课插话、动手撩拨人，最近又特别叛逆。这样一个敏感的孩子总是三天两头地和同学闹矛盾，真不知该如何才能“降服”他。

二、问题及分析

新学期才几天，我就接到一位家长的投诉电话，说姜坤打人了，天天都打她的女儿，上课不让她的女儿听讲，还弄破了她女儿的书和本子，她女儿被姜坤弄得都不愿上学了。我连忙跟家长道歉,并保证妥善处理此事。

我心里的小火苗噌噌地往上窜,但是我不能马上去找姜坤,因为我知道我现在的情绪有些激动,见到他就会口不择言甚至失控。我在心里对自己说,不能打不备之战,我要好好想想怎么和他沟通。如果姜坤是我的儿子,我要怎么办?如何处理他?如何让他心悦诚服地接受我的批评?我的脑子不停地运转着,以前被他气得用女高音和他大吵的画面时不时地冒出来。显然,简单、粗暴的方法对这个孩子无疑是火上浇油,我要让他放下戒备心。心中的怒火因为理智思考渐渐地平息下来。半个小时后,我约谈了姜坤。

三、方法指导

课间时间,我单独把姜坤叫过来,先历数了他的种种优点,回顾了我们班同学互相帮助、共同进步的点点滴滴。我真诚地说:"老师最喜欢团结同学的孩子,他们心里总是装着老师和同学,能够处处为班级着想。"姜坤好像很开心,然后我话锋一转,平静地询问姜坤:"这两天过得好吗?"

"很好。"他疑惑地看着我。

"你是不是打同位了?"

他瞪着眼连忙否认:"不是,不是,是她先惹我的。"

我不开口,盯着他的眼睛。过了一会儿,他低下了头,不再言语。我这才开口问他:"说说看,是怎么回事?"他吞吞吐吐地说:"我就是跟她逗着玩,她也太爱哭了。"

"嗯,逗着玩,可以。但如果别人受不了你开玩笑的方式,怎么办?"我小声地问他。

"老师,我没有错,可能弄疼她了,但我就是跟她逗着玩而已。"还是这种措辞。

看到姜坤有些惊慌,我指了指凳子说:"姜坤,先坐下吧。我说一说我的看法,如果你觉得有道理,请接受我的劝告,及时向同位认错,争取得到同位的原谅,好吗?"姜坤点点头慢慢地坐下来。

"第一,你喜欢跟人'开玩笑',这没有错,但开玩笑是要有度的,过度了就是伤害,是不是?"

“是。”

“第二，她是女生，不愿意和你说话，更不愿意课堂上和你说话，你要学会适应别人，是不是？”

“是。”

“第三，你不顾忌别人的感受，把人家弄疼了，这样很没有风度，不像个男子汉，是不是？”

“我……”

“第四，毁坏别人的书本，是特别不负责任的行为，你需要把自己没坏的那本赔偿给同位，是不是？”

“她也弄坏过我的一个本子。”姜坤小声地说着，似是有所触动。

“如果因为别人也曾经伤害过你，你就可以这样伤害别人，那你就是以暴制暴。别人曾犯的错误，我们只能引以为鉴，是不是？”

“是。”姜坤好像听懂了。

“家长要求你向同位道歉，你能接受吗？”

“能。”姜坤郑重地点了点头。

我把姜坤搂在怀里，小声地对他说：“老师就知道你是个明理、善良的好孩子，所以老师不愿意发火，更不愿意伤害你。”

姜坤的身体有些微微地颤动，声音很轻地说了一句：“对不起。”

四、经验与思考

这就足够了，其实这样的错误姜坤已犯过多次了。每回我都被他那双充满敌视的眼神打败，那种不认错、不反思的举动总让我心烦。这次我出其不意，以旁观者的客观角度，抓住当事人重感情、重表扬的特点，先礼后兵，营造良好的交流氛围，晓之以理，动之以情，让他认识到自己的问题。

犯了错的孩子，行为上一时失控的他们，需要的是心理上的积极引导与救治，而非责骂与惩罚。如果教师能够为学生创造一个好的心理暗示，让孩子把心打开，那解决问题就容易多了。

捡钱风波

赵淑娟

一、案例呈现

周一早晨刚刚到校，我班的李学贤和杜佳馨就到办公室“告状”：“赵老师，郭圣泽捡到了200元钱，没有上缴。”我不动声色地点了一下头：“你们回去吧，把圣泽叫到办公室里来。”等了半天，圣泽终于来了，一脸的不情愿，开口就说：“钱是我捡的，我妈妈说，谁捡的就是谁的。”听了孩子的话，我怔了一下，家长怎么会这样处理这种事？我这个班主任又该如何插手？但总觉得这事儿不能就此打住。

二、问题及分析

于是，我试探着问了一句：“这钱你想好怎么处理了吗？”孩子没有说话。

我趁热打铁地说：“老师有三个建议，你不妨借鉴一下。第一，你把这200元钱全部交给你的爸爸妈妈，让他们给你保管，有需要时再拿出来用。第二，你把这些钱交到班级会计王珈瑶手里，等到期末检测后，用这些钱表彰咱们班学习进步的孩子。第三，你把钱交给学校寻找失主，给咱们班级加分，你做全校学生的榜样。你想想这三个建议哪个更好？”孩子很机灵，马上回复我说：“第三种是最好的。”我心里有些许的得意，通过这次谈话，我把自己的想法巧妙地传递给了他，希望第二天能如我所愿。

周二早晨，孩子又来了，小声地说：“100元钱交给了妈妈，妈妈已经花了。还有100元钱要交给班级作班费，但现在只交50元钱，另外的50元钱会在班级没有获得星级班级的情况下再拿出来。”听了孩子的汇报，我心里五味杂陈，原来我的良苦用心并没被孩子和家长接受，而是经过一晚上的发酵，酿成了这么一瓶“劣质酒”。

对这个结果，我不满意。同时，我对孩子的家长也产生了疑问，这疑问在我的心里开始放大。难道家长不明白我的想法，还是孩子回家没有表达清楚我的意思？我多么想让孩子选择第三个建议，这是一个绝好的教育孩子的机会呀。难道就这样失去了？我心里萌生了些许的挫败感，孩子回了教室，我的心里久久不能平静……

因为自己要到校外听一上午的公开课，这件事就此搁浅。可是听课的空档，我还是放不下这个孩子，一直在想这件事情。如果不能很好地处理这件事，其他孩子捡钱后效仿他怎么办。

中午回到学校，和学校的几个老师谈起后，同事们纷纷出主意，王瑞玲和王红老师特别提醒我：“这个钱不管怎么处理，一定要和家长联系一下，别让孩子钻了空子，对家长说是交给学校老师了，对我们老师又说是让妈妈留下了。”

三、方法指导

这两位老师真是一语点醒梦中人，我怎么就没想到这些呢？我拿起手机赶紧和家长联系，交流了孩子捡钱这件事，并委婉地表达了我的处理意见。话不说不透，原来家长根本不知道孩子捡了这么多钱，孩子回家只说捡了50元钱，而且跟妈妈说打算把钱交给班级作班费。原来妈妈花掉了100元钱的说辞都是假的，我这个粗心的老师差点被忽悠了。这个电话打完了，我也很受教育，自己没有了解事情的原委，怎么可以误会家长呢，真是太不应该了。

下午我和圣泽进行第三次谈话。首先我让孩子知道，我和家长进行了沟通，现在给他一个主动认错的机会，希望他认真回答我的问题：到底捡了多少钱？钱是不是被自己花掉了一些？买了什么？自己对这件事有什么看法？

孩子看到我如此真诚地和他交流，也放下了心中的包袱，说出了实情。原来，他的确捡了200元，但买漫画、游戏卡花掉了一些，只剩下60元，一时还不上那么多钱，于是选择了说谎。

圣泽说出了这些，如释重负。他告诉我，这两天一直很难受，感觉对不起老师和妈妈的信任及关爱。我轻轻抚摸着他的头，对他说："孩子，事情没有那么糟糕，老师依然信任你，而且老师还要祝贺你战胜了200元'巨款'的诱惑。"因为第二天有个阶段检测，我开导他不要有任何心理负担，好好应考，看着孩子一脸的感激，我的心里充满了阳光。

考试结束了，孩子的成绩很突出，我很欣慰。办公室的老师看了圣泽的成绩后，也很吃惊，没有想到这个孩子如此优秀。我回应道，他的学习一直都很不错，只是在一笔孩子看来是"巨款"的诱惑面前，暂时迷失了方向，需要及时点拨和引导。

检测后的第二天，也就是周五，我把孩子约到办公室进行了第四次谈话。事情已经过去一个星期了，当我把这个孩子再次叫到办公室的时候，我的同事很吃惊于我的耐力和坚持，并问我："这件事怎么还没有结束？"我笑了笑，心想，一定要让这个孩子的思想有一个深刻的认识，把坏事变成好事才成。我问孩子这两天有没有做点什么，孩子很坦然，说这两天一直在主动写"捡到200元钱"的检查，等写好了还要让老师保管。我提醒孩子，事情已经发生了，不妨来个"将功折罪"，让自己把败局扭转过来。孩子问我怎么办，我还是给他提了几个小建议：第一，可以主动分管教室的卫生保持工作，也就是地上有废纸要主动过去捡起来。第二，主动为同学们服务，比如拖地、擦黑板等。第三，主动帮助学习不好的同学补课、检查作业。我说可以让他自己选择一个或几个来做，孩子坚定地点了点头，真诚地跟我说："我知道怎么做了，请老师看我的行动吧。"

周末休息了两天，周一早晨，孩子主动把“检查”和“花掉的150元钱”一并上交了。看到孩子写了满满的4页稿纸1000多个字的检查，我的心里真是感慨万千，如果为了省心让这件事情草草了事的话，可能孩子的认识永远都会处在“自己捡到的钱就是自己的”这个思想层面上，即使被迫把钱交给老师心里也不会服气。而现在，这个孩子的认识非常深刻，脸上也写满了真诚和感激，浑身充满了正能量。我和孩子商量，这件事在班级里面交流一下怎么样，孩子笑着说：“很丢人，但可以教育班级的其他同学以他为鉴，不要再犯同样的错误，同意开个班会……”

四、经验与思考

“200元钱事件”完美落幕，可是给我的启示却很多。它告诉我：即使是优秀的孩子思想上也会偶染尘埃，为师者应该学会怀疑、不轻信，并帮助他们轻轻掸掉沾染上的尘埃；即使学生不大的错误也要抓住不放，理清来龙去脉，正面引导，动之以情，晓之以理，从根上帮助学生认识并改正错误；即使是再熟悉的家长也要经常沟通，轻易地、想当然地下结论并放弃沟通，破坏的是家校双方之间的信任，代价是家校双方对孩子教育的失败。还有一个更重要的收获就是，遇到事一定要学会合作，学会寻求别人的帮助，尤其要多和同事、家长合作，共同想办法解决问题。

失败又何妨

赵淑娟

一、案例呈现

班里有一名男孩,因为各种原因,他的父母从小把他放在亲戚家养着,直到三岁才养在自己家中。那时,孩子就表现出了从小离开父母的教育缺失,天天犯错,天天管教。上学后,孩子更是变本加厉地惹事。

我接手时,这个男孩已是四年级的大宝子了,有着同龄孩子所没有的成熟。两个大眼睛骨碌地转动着,总是挂着讨好老师的笑容。刚开始接触时,我觉得这个孩子一定是个很有出息的好孩子,思维灵活,语言流畅,反应迅速,他真的给我留下了很深的印象。班主任交接时,虽然上任班主任做了情况说明,我仍不以为然,以为是夸大了这个孩子的不足。因为他真的太突出了,我提出的有难度的数学问题,他总会积极举手,而且还能说得有声有色。这样的孩子不多见,虽说我们不能给孩子贴标签,但我还是会在心里把他看得很高,不自觉地把他分在了最优秀的孩子一类里。

二、问题及分析

正因为对他的良好的第一印象，我总是很难把他和“破坏王”联系起来。这个孩子的表现果真是每况愈下，他的行为也验证了同学们对他的评价：打架，说脏话，乱扔垃圾，桌洞里总有掏不净的废纸。每天都有学生接二连三来告他的状。我通过观察发现，这个孩子越是受了表扬越容易惹事。因为数学课上的精彩表现，我如果郑重其事地表扬他一下，肯定课下会有孩子哭着来找我。日子一久，我竟得了表扬恐惧症，生怕自己的表扬会给别的孩子带来灾难。

很快一个月的时间过去了，作为新的班主任必须通过开一次家长会，让家长了解班主任的治班方略，了解班主任的工作能力，以便于老师和家长之间快速建立起一种信任的合作关系，并在教育孩子的过程中形成合力。虽说仅仅是一个月的时间，我在家长会上还是做了热情洋溢的讲话，感谢这些家长对我的支持和帮助，更感谢家长在这一个月里的配合。孩子们的课堂表现让很多家长感动和欣慰，当这个男孩的家长在会后和我讨论孩子的问题时，我还没有意识到问题的严重性，而是给了这个孩子很多正面的肯定，希望家长能够放心，不要过多关注孩子的缺点。

三、方法指导

第一个学期过去了，孩子的不良行为并没有收敛。我和家长进行了推心置腹的谈心后，决定带他找心理老师分析一下他的表现，查找一下问题的根源。通过分析，我们清楚了孩子出现这样的状况都与他小时候的成长有关系，长期不在妈妈身边，从小就没有安全感，到了三岁接到家里时常感到不被家人喜欢，总要通过惹事来观察父母是不是真的关注他、爱他。听了心理老师的话后，家长沉默了半天，更多的是自责，而我不但不能给家长增加新的压力，还要宽慰家长的心，和家长配合起来引导孩子少惹事。

我在班级里和孩子们约定，不要和他计较，尽量包容他、帮助他、欣赏他，我还利用一切可以利用的机会和孩子谈心，让他没有时间去招惹别人。果然，他有了比较明显的转变，接连几天没有孩子告他的状了。更令人鼓舞的是，班上的几位老师都发现他在课堂上有了明显的进步。他偶尔还会制造些事端，甚至招来隔壁班学生家长的投诉，但反馈回来的整体情况是非常乐观的，不仅同学们说他转变了，其他课任老师也说他变懂事了。我窃喜，家校联手真的是法宝。

但是我错了，我真的错了。第二个学期之后，情况急转直下，他开始见缝插针地惹事。孩子们又接二连三地到办公室告他的状，一会儿是他欺负女孩子了，一会儿是他把教室弄得乱七八糟了，一会儿是他语文课上捣乱了……几乎到了让人应接不暇的地步。每次犯了错误后，一见到我，他有三步反应：首先是辩解，他不是故意的，而是和人家玩玩而已；接着是认错，请别人原谅他；最后是保证，下不为例。等我转过身去，他又犯事了。我也没辙了。

有孩子建议我不要总是宽容他，更不要让同学们总是包容他，大家越包容他，他反而越觉得自己了不起似的。一味地宽容，极有可能适得其反，奖惩有度才能发挥良好的教育效果。其实，在宽容他的同时，每每遇上他犯错误了，我都会跟他谈谈，启发他用心感受同学们的信任和老师的关心，引导他反思自己的行为。但是，这些措施显得越来越苍白无力。那么，除了口头的批评、语重心长的叮嘱外，怎样的惩罚才能让他学会约束自己呢？

四、经验与思考

我开始再次和家长联手，这一次见面，明显地，家长没有了那股热情，更多的是抱怨、无奈。家长在家里都不溺爱孩子，管教得非常严格，孩子的母亲被孩子多次气晕，父母都束手无策，短短的交流中，话里话外都充满了一种焦虑，很显然他们已无能为力了。孩子的父亲是一名军人，还是一名做思想工作的部队干部，说手下那么多人的思想工作都做得很成功，唯独在自己儿子身上失效了。听着这位父亲嘴里不断地叨叨着孩子所犯下的种种过错，以及他对孩子进行的升级管教，我的心里酸酸的，一时间，我读出了这位父亲的不易和可怜。那个有着聪明大脑的儿子，哪里会懂得他的父亲所表现出的无助呢。说实在的，我也没有什么高招，能用的方法我也基本试过了，真的无效。

面对这个有着两面性格的孩子，一会儿聪明机智，一会儿惹是生非，我陷入了沉思。面对这样的孩子，我到底该怎么办？

向美而生的“秘密任务”

徐　蕾

一、案例呈现

秋去冬来，寒来暑往，班主任工作就是那么的让人期待，每次接到新的班级，就会认识不同性格的孩子，遇见不一样的美好。

两年前接到了我现在所带的这个班级，和孩子们初次相识，他们给我的第一印象是，像是一群生活在草原上的小马，快乐、自在。每天都有很大的精力玩耍、嬉戏，不知疲惫。我也被他们的这种氛围所感染，体育活动的时候就跑去和他们一起玩游戏，1、2、3 木头人，老鹰捉小鸡；课间的时候，他们也会围绕在我身边，叽叽喳喳地问东问西；教室里看电影的时候，我会和他们一样，咬着棒棒糖静静地观看，时不时地发出感慨的声音，自己也仿佛回到了学生时代。可是就是在这种欢乐的氛围下，我发现了不一样的他——豆豆。豆豆不太喜欢和同学们交流，上课的时候不太喜欢举手回答问题，也不愿意找我聊天。于是我就暗暗地观察，我发现其实他也想和我们一起畅谈，也很想表现自己，可总是张不开口。我从同学们的口中得知，他是因为害羞。于是我主动和家长取得了联系，家长告诉我，原来豆豆因为小舌头发育得不是很好，导致发音不准，越是发音不准，他就越紧张，越紧张说话就越结巴，所以他不敢说话，怕同学们笑话他、嫌弃他，后来他就干脆不发言，不和同学们交流，总是默默地一个人听其他人说。

二、问题及分析

苏霍姆林斯基说过："关心孩子的快乐和悲伤，了解孩子的心灵，时刻都不忘记自己也曾经是个孩子"。我想尝试着让豆豆知道，同学们不会因为这点事情不喜欢他，让他自信起来、大胆地说出来。从那以后，上课的时候，我就主动叫他回答问题，表达得准确我就"狠狠地"表扬他，他还是会紧张地脸红；课下的时候，我会主动找他聊一聊，害羞的他还是会一直搓着衣角；班里实行费曼学习法，我会让他到黑板前讲解题目当小老师，并把视频录制下来发到家长群，表扬他讲得精彩，同学们为他鼓掌，他还是会不好意思地低下头用手摸着他的大脑袋。

在这一段时间的学习生活当中，豆豆感受到了来自我和同学们的善意，我也能感觉出来他对我产生了一定的信任感。豆豆最大的改变还是来自后来发生的那件美好的事情。

三、方法指导

学校有一个劳动基地。劳动基地对于孩子们来说是个非常向往的地方，大家都期待着能去劳动基地大显身手。这天，学校终于通知我们班去种菜了，我预谋已久的计划就得以实施了。我把豆豆找来，悄悄地告诉他："豆豆，我们下周可以去劳动基地种菜了，想让你帮我完成一个秘密任务。你假装老师不知道咱们班要去劳动基地种菜这件事情，就当是园丁爷爷告诉你的，由你提前安排好每一位同学要学习的内容和要准备的东西，然后把这个事情悄悄地告诉每一位同学，同时要叮嘱大家不能告诉老师，这是你们的秘密，让大家趁周末准备好，要给老师一个惊喜。给你一天的时间，能完成任务吗?"他自信地回答说："能!"我看见了他眼睛里闪烁着光。只见他一上午，只要有时间就坐在座位上不停地写着，嘴里面还念叨着些什么，下午又进进出出地找到每一位同学悄悄地说着些什么。放学的时候，他朝我暗暗地打了一个“OK”的手势，我心领神会地朝他点了点头。

周一的早晨，每一位同学都神神秘秘的，大家利用大课间的时间，背着我偷偷地去劳动基地，找到园丁爷爷一起种植了小白菜。中午午休后，孩子们拖着我，说是要给我一个惊喜。来到劳动基地，看到他们已经完美地完成了种植任务，我是真心地惊喜并为我的孩子们点赞。我惊奇地问：“你们怎么会给我这么大的惊喜呢？”孩子们一脸灿烂地说：“这是豆豆给我们布置的秘密任务啊！”豆豆眨着大眼睛高兴地看着我，好像在告诉我，这也是我和老师之间的“秘密任务”呀！我们都哈哈笑了。

从那以后我便能经常听到豆豆那美妙的声音了！

四、经验与思考

班主任工作中经常会遇见类似于豆豆的事情，只要我们用心对待，用心去解决，总会在某一天遇见美好。就像郑英老师在《教育，向美而生》一书中写道的：“事实上，所有的幸福、快乐和美好都需要费时、费心、费力才能换来。”就像兰·昆德拉说的：“麻烦的事情里头，隐藏着真正的快乐。”教育，可以如此生动、有趣，这并非无视或淡化它的困难，而是在遇见时，依然能保持从容、优雅。我想豆豆在成长，孩子们在成长，我也在成长，让我和孩子们一起享受这美好的成长之路。

一块糖的启示

刘　霞

一、案例呈现

刚刚接手一年级这个班，一个扎着细长小辫儿（俗称“老毛儿”）的小男孩儿就牢牢抓住了我的目光。他那双忽闪的大眼睛，总习惯性地回避着他人视线。往后的日子，我的心也总不由自主地被他牵动着。

这孩子姓周，我怜爱地叫他“小周周”。他是个比较特殊的孩子：不会说普通话，就连方言也说得语无伦次，让人难以听懂；他似乎不懂得如何与人交流，即使有人主动搭话，他的眼神也总是飘忽不定，难以对视；他会歪歪扭扭地写自己的名字，却时常把笔画顺序颠倒得令人啼笑皆非……面对这个特别的孩子，我暗下决心，一定要给予他最多的关注、最响亮的鼓励和最真诚的赏识。我对他的成长，也对自己作为教育者的能力，充满了期待。

日子在琅琅书声和孩子们的嬉闹中悄然滑过。小周周确实没有辜负我们的期望，像一棵努力汲取阳光雨露的小苗，点点滴滴地进步着。然而，就在一个看似平常的中午，一场“风暴”突如其来。

那天我没回家。下午校门刚开，一阵撕心裂肺的嚎哭声便远远传来，打破了午后的宁静。我心头一紧，快步走到窗边张望——果然是小周周！只见他站在空旷的操场上，小脸涨得通红，闭着眼睛，哭得声嘶力竭。我连忙跑下去，蹲在他身边柔声询问："小周周，怎么了？告诉老师好吗？"可他仿佛沉浸在自己的悲伤世界里，对我的话充耳不闻，哭声反而更加"汹涌"，径直冲回了教室。我紧跟进去，想安抚他，但那震耳欲聋的哭声瞬间淹没了所有同学的读书声。我把他拉到身边，他依然紧闭双眼，放声大哭，一个字也不肯说。经验丰富的赵老师也闻声赶来帮忙，轻拍着他的后背，温言细语地开解。可小周周就像被按下了"大哭"的开关，涛声依旧，毫无效果。

束手无策的我，为了不影响其他孩子的午读，只好牵着他的小手，把他带到了办公室。办公室里，我使尽浑身解数——讲道理，保证帮他解决问题，甚至模仿他喜欢的动画角色的语气……可这一切都如同石沉大海，他依旧沉浸在悲伤的泪水中，小小的身体哭得一抽一抽的。焦头烂额之际，我努力在大脑中搜寻着教育智慧的火花，忽然间，陶行知先生"四块糖"的故事如一道光闪过脑海！何不试试呢？我立刻拉开抽屉，幸运地找到仅有的一块糖果，递到他面前，用最轻柔也最坚定的声音说："小周周最懂事了，老师知道你现在很难过。我们先不哭了，安静下来，这块甜甜的糖就奖励给你，好不好？"奇迹，就在这一刻发生了！那震耳欲聋的哭声像被按了暂停键，戛然而止。他眨巴着还挂着泪珠的大眼睛，看了看我手中的糖，竟用清晰的方言说了句："俺家来也有这样的。"（方言，意思是我家里也有这样的糖。）小小的糖果，瞬间融化了坚冰。后面的沟通变得异常顺利，他终于断断续续地告诉我：原来是托管时，不知哪个同学弄坏了他的本子，这巨大的委屈让他整整哭闹了一个中午……

二、问题及分析

小周周在幼儿园时就因特别的表现被称为"四大金刚"之一。他刚入学时的情况确实令人忧心：语言沟通障碍明显（方言也说得语无伦次），社交互动困难（回避眼神接触），行为刻板（写名字颠倒顺序）。究其根源，孩子的成长环境是关键。他从小由奶奶抚养，奶奶对他百依百顺，溺爱无形中助长了他以自我为中心的性格。而他母亲的急性子和遇到问题倾向于简单粗暴的“拳脚教育”，则形成了另一种极端的管教方式。这两种截然不同又都失之偏颇的教育方法，像无形的枷锁，深深伤害了孩子幼小敏感的心灵，最终塑造了他这种既脆弱又执拗的性格特点。

三、方法指导

教育，既是一项需要倾注心血的工作，又是一门需要智慧与温度的艺术。作为一年级的班主任，面对这些娇嫩如幼苗的孩子，更要时时用心，处处用爱。

这个教育故事或许平凡，没有惊天动地的壮举，但对我而言，触动却无比深刻。它让我再次确信：沟通是人类的本能，也是一门需要修炼的艺术。没有孩子天生愿意把自己封闭起来。教师要想有效地引导孩子，就必须具备走进孩子内心的沟通能力。有时，仅仅需要转换一下思维，蹲下来，用孩子那纯真、简单的视角去看世界。你会发现，哪怕是一块最普通、最不起眼的糖果，也能成为开启紧闭心门的金钥匙，带来意想不到的教育效果。

四、经验与思考

其实，孩子的世界清澈而简单。有时，一颗小小的糖果，就足以在师生之间架起一座沟通的桥梁。这启示我们，教育者需要真正地“蹲下来”——不仅是身体的姿态，更是心灵的姿态——站在孩子的角度去感受、去理解、去思考。努力成为孩子的良师益友，营造安全信任的氛围，让孩子愿意敞开心扉。唯有如此，我们辛勤培育的教育之树，才能根深蒂固，最终枝繁叶茂，郁郁葱葱。而这一切美好的开始，有时，真的只需要从一颗糖的甜蜜和一份设身处地的理解出发。

爱在排球中旋转

刘　霞

一、案例呈现

在我的班主任生涯中，小凯和小贤是两颗让我既疼惜又深感无力的孤星。他们天资聪颖，思维敏捷，课堂上偶尔闪过的灵光、作业中偶现的巧妙思路，都让我确信他们是可造之才。然而，这聪慧的光芒，却被各自沉重的家庭阴霾所笼罩，黯淡得令人揪心。

小凯生活在离异家庭的冰冷旋涡里。父亲再婚，对他几乎不闻不问，将他彻底放在年迈的爷爷奶奶家。更令人心痛的是，爷爷奶奶将对前儿媳的怨恨，化作一道无形的铁栅，横亘在小凯与亲生母亲之间。他曾亲眼看见，妈妈含着泪提着新买的书包和衣服在爷爷奶奶家门外苦苦哀求，换来的却是刺耳的谩骂和紧闭的大门。小凯只能蜷缩在门后，听着母亲压抑的啜泣渐行渐远。这份被生生撕裂的母爱，加上父亲角色的彻底缺失，像冰冷的雨水浇透了他幼小的心灵。他变得异常敏感、封闭，眼神里充满了对世界的警惕与疏离。他的作业经常空白一片，即使做了也是潦草涂鸦的战场；课堂是他沉默无声的堡垒,仿佛在用这种方式宣告他与周围世界的隔绝。看着他本可以绽放光彩的聪慧被阴郁掩盖,我内心充满了深深的惋惜和无力的焦灼。

小贤同样来自离异家庭,跟随父亲进入了一个重组家庭。在这个新家里,他像一个小心翼翼的客人。父亲忙于经营新的婚姻和家庭,对他的关心往往流于形式化的询问。继母虽无苛待,却也难有发自内心的亲近。亲生母亲有了新的生活,联系日渐稀少。小贤的内心充满了无处安放的孤独和对自我价值的迷茫。“我是多余的”,“我不属于这里”,这些无声的呐喊被他用表面的无所谓、偶尔的倔强和学业上的消极怠工深深掩藏。他的聪明才智,如同蒙尘的珍珠,在缺乏关注和温暖的角落里,渐渐失去了光泽。看着他因试图融入却始终格格不入而感到落寞,我心中涌起阵阵酸楚。

更令人忧心的是,他们像约好了一般,几乎不参与班级的任何活动,仿佛置身于一个透明的气泡中,将自己与集体隔绝开来。面对这样的两个孩子,传统的沟通方式显得苍白无力。三次推心置腹的长谈,他们或沉默以对,或报以礼貌却疏远的微笑;五次深入的家访,我深切感受到小凯爷爷奶奶的防备与怨气,也触摸到小贤在新家中那份微妙的距离感;雪片般满载鼓励的书信,也如石沉大海,未能激起任何回响。我感到一种前所未有的束手无策,仿佛面对两座沉默而坚固的堡垒,传统的武器已然失效。难道就让这两颗本应璀璨的星辰,在家庭的阴影里继续黯淡下去?

转机出现在一个暮春的黄昏。夕阳熔金,将操场染成一片温暖的油画。我偶然驻足,目光被排球网前两个纵跃的身影牢牢锁住——正是小凯与小贤!汗水在他们年轻的额角晶莹闪烁,排球在空中划出一道道充满原始野性与生命活力的银色弧线。夕阳勾勒出他们专注跳跃的剪影,那份纯粹而热烈的生命力,与课堂上的阴郁沉默判若两人!那一刻,我豁然开朗:这颗旋转跳跃、橙蓝相间的排球,那砰砰作响的节奏,那需要默契配合的传递,那激发竞争本能的扣杀,不正是一个绝妙的突破口吗?它或许就是那把能暂时驱散家庭阴霾、撬开他们紧闭心扉的金钥匙!

“嘿,小伙子们!”我抱着手臂站到网前,努力仰头望着比我高出一头的少年,嘴角扬起带着挑战也带着真诚的笑意,“敢不敢和老师打个赌?”他们停下动作，略带惊诧地对视一眼，汗水顺着脸颊滑落，眼中第一次清晰地闪烁出少年人特有的狡黠和一丝光亮。“只要你们作业本上的字迹，能规规矩矩、工工整整，”我指向天边燃烧的晚霞，“从今天起，只要天公作美，放学后这片球场，我陪你们决战到星垂平野，天荒地老！输了请喝水！”这赌注无关成绩压力，只关乎他们此刻眼中跳跃的光芒。他们咧嘴笑了，那笑容带着久违的轻松和一点点被点燃的斗志：“一言为定！老师到时候可别哭鼻子求饶！”他们或许不知道，我这44岁的身体里，还住着20年前那个在暴雨泥泞中嘶吼扣杀、永不言败的小钢炮。这场赌约，是我抛向他们的橄榄枝，更是一份沉甸甸的承诺——一份关于稳定陪伴、平等竞技的承诺。

这份以排球为契约的奇妙联结，开始悄然重塑日常的轨迹。办公室窗外，从此常映着他们跃动的身影。汗水浸透衣衫，也一点点冲刷着心墙的隔膜。我如约而至，不再是高高在上的老师，而是网前并肩的队友。我们一起流汗，一起为一次漂亮的配合击掌欢呼，一起为失误懊恼复盘。在这片方寸之地，师道尊严被平等、尊重和共同目标所取代。他们看到了一个真实、投入、信守承诺、也会失误的人。这份基于共同活动建立的信任，是破冰的基石。与此同时，作业本发生了静默的革命。那些曾如杂草般歪扭的字迹，曾经频繁的空缺，被日渐清晰、工整的书写所取代。这绝非高压之下的屈服，而是那份球场之约在他们心中悄然种下的责任之种——他们开始认真对待自己的承诺。

更令人惊喜的变化，是他们开始走出自我封闭的气泡。曾经对班级事务漠不关心的他们，仿佛被注入了新的活力。排桌椅时，两人煞有介事地比量，非要排出绝对平行线，严肃的神情下是掩不住的笑意和无言的默契。有需要搬桌子、摆凳子的力气活，不用老师开口，常常能看到小凯和小贤冲在最前面带头干，那股认真劲儿让其他同学都刮目相看。这些小小的行动，是他们内心坚冰融化、开始以主人翁姿态享受校园集体生活的鲜明信号。

排球场上播下的种子，在更广阔的天地生根发芽。一种健康的关系在他们之间蓬勃生长，融合了竞争的火花与合作的光芒。球场上，一个漂亮的扣杀会立刻引来另一个不服输的挑战眼神；一次成功的防守会收获对手（也是队友）由衷的赞叹。这份竞争天然带着尊重。学习上，“老师，这次数学小测我比小贤高两分!”“哼,得意啥! 下次英语单元考,看我的!”他们开始暗自较劲,比谁的作业更整洁美观,比谁课堂发言更积极有见地,比谁能用更巧妙的方法解出难题。这种源自同伴的、积极的竞争压力,成了点燃他们内在学习引擎的强大火种。尤为可贵的是,竞争并未走向对立,反而催生了更深层次的合作。当遇到复杂的数学迷宫或需要集思广益的科技制作项目时,这对昔日的独行侠会自然而然地凑到一起。小凯逻辑缜密,像出色的工程师,擅长拆解步骤,搭建框架;小贤思维活跃,像充满想象力的设计师,常有令人拍案叫绝的点子。他们会为一个最佳方案争论得面红耳赤,也会在合力攻克难关后,相视一笑,默契击掌。一次年级科技制作比赛,他们主动联手,从构思草图到搜寻材料,再到精密组装调试,配合得天衣无缝。当他们的作品最终捧回闪亮的优胜奖杯时,那份共同奋斗的汗水与成功的喜悦,让他们深刻体会到“一加一大于二”的合作魔力。竞争让他们更强,合作让他们走得更远。

这份改变还产生了积极的涟漪效应。某个午后,当后排总爱用漫画书筑起心墙的小宇,目睹了我一记跃起重扣,排球在空中“砰”地炸开一朵震撼的雪浪时,他手中的书啪嗒惊落,眼睛瞪得溜圆:“刘老师! 原来您是深藏不露的排球战神啊!”我擦着满脸的汗水,开怀大笑:“哈哈,是快散架的排球阿姨啦!”这份不设防的真实与活力,悄然感染了班级氛围。

成长的收获远不止于此。曾经回避集体活动的他们,在运动会上找到了新的舞台,积极参与项目并取得了喜人的成绩,为班级争得了荣誉。而最令人欣慰的硕果,是在六年级毕业时,小凯和小贤都交出了远远超出所有人预期、令人惊喜的成绩单。那颗小小的排球,那份不离不弃的陪伴,那些在竞争与合作中流淌的汗水与欢笑,如同和煦而坚定的春风,已悄然融化了因家庭创伤而冻结的坚冰,为他们开辟了一片充满希望、可以携手奔跑、共同成长的绿洲。

二、问题及分析

深入剖析小凯和小贤的困境,其核心在于他们身处特殊离异、重组家庭所带来的深刻创伤中。小凯面临的监护缺失和亲情被强行阻隔,导致他安全感彻底崩塌，对世界充满深度不信任，只能以沉默和封闭筑起高墙。小贤则在重组家庭中感受着情感疏离与归属感的严重缺失，扮演着隐形人的角色，用表面的无所谓和消极怠工掩饰内心的迷茫与低价值感。他们的共性特殊性在于：原生家庭的破裂造成了安全感、归属感、稳定情感联结的根本性损害；强烈的心理防御行为，如沉默、疏离、消极，使得建立信任亲近的师生关系，即古训所言“亲其师”的基础极其薄弱；巨大的情感消耗和低自我价值感，严重压抑了其本有的聪慧潜能，导致学习动力，也就是“信其道”“奉其教”的意愿严重不足；同时，缺乏健康同伴关系模型，合作与良性竞争能力的发展也受到阻碍。尽管内心深处极度渴望稳定、持续、无条件的关注与接纳，根深蒂固的不信任又让他们本能地抗拒外界的靠近。古训中“亲其师，信其道；尊其师，奉其教；敬其师，效其行”深刻揭示了问题的症结：对于这些伤痕累累的孩子，建立安全、信任的情感连接，即“亲其师”，是后续一切教育引导得以生效的绝对前提，也是最难攻克的堡垒。没有这个坚实的情感根基，后续的“信道”“奉教”“效行”都无从谈起，这正是传统教育方法失效、让人深感束手无策的深层根源。

三、方法指导

针对这些特殊家庭孩子所表现出的特殊性，我尝试并验证了以下接地气的策略。

首先，需要像敏锐的侦探一样，深入观察孩子在操场活动、课间状态等真实场景中的表现，努力发现能让他们暂时忘却烦恼、眼睛发亮的兴趣点，如本案中的排球，这往往是建立非威胁性情感连接的安全入口和有效媒介。通过长时间的观察，在他们放松的状态下捕捉那些稍纵即逝的兴奋瞬间，才能真正找到打开他们心门的钥匙。

其次，放下教师的身份架子，以真诚平等的队友姿态参与其中。其核心在于风雨无阻地履行陪伴承诺，提供持续、稳定、可靠的关注，即无条件的积极关注，致力于成为他们在学校环境中缺失的情感锚点和安全基地，弥补家庭支持的不足。无论是烈日当空还是寒风凛冽，只要约定好一起打球或进行其他活动，都要准时出现，用实际行动让孩子感受到被重视、被信任，让他们明白在学校里也有可以依靠的人。

第三，巧妙地构建平等互惠的心理契约。将教育期望（如作业书写工整）与孩子的核心需求或兴趣（如获得打球陪伴的机会）进行巧妙而平等的挂钩，形成清晰且双方都认可的约定，让孩子感受到被尊重和可控性，从而激发其内在的责任感和为争取机会而努力的动力。在制定约定时，充分听取孩子的意见，共同协商具体的规则和奖励机制，让孩子从被动接受要求转变为主动参与约定的制定，增强他们的自我管理意识。

第四，在共同参与的活动中，如一起打排球、完成值日任务、合作科技项目等，自然培育健康的竞争与合作关系。一方面，积极引导良性竞争，鼓励他们在既定规则内进行公平比拼，无论是球技还是解题，强调超越自我的价值，并学会欣赏对手的优点，同时将这种竞争意识和精神迁移到学业进步和方法创新上。在比赛或任务过程中，适时给予指导和鼓励，帮助他们分析自身的优势与不足，引导他们将竞争的焦点放在自我提升上。另一方面，着力催化深度合作，精心设计那些必须依靠互补协作才能成功的任务，明确分工以发挥各自的优势，如小凯的逻辑分析能力和小贤的创意想象力，引导他们在观点争论中学习沟通协商，在共同成功时分享喜悦，深刻体会团队协作带来的倍增效应。在合作过程中，关注每个孩子的参与度和情绪变化，及时调解矛盾，营造和谐的合作氛围。

第五，要有意识地将活动中逐步建立起来的信任感、培养的规则意识、体验到的成就感以及展现出的个人能力，具体地引导迁移到更广泛的学习领域和社交情境中，帮助他们认识到自身能力的普适性和可转移性。例如，点明他们在球场上的默契配合完全可以用来攻克学习难题。通过具体的案例分析和引导，让孩子看到自己在不同场景下的能力表现，增强他们的自信心和适应能力，让他们在更广阔的天地中绽放光彩。

四、经验与思考

这段充满挑战与温情的育人历程，带来了深刻而接地气的启示：真挚的爱无疑是教育的根基，但面对特殊家庭的孩子，这份爱必须转化为深度的懂得。教育者需要以敏锐的洞察力，理解他们因独特家庭创伤而产生的伤痛与内心最深切的渴望，进而找到通往其封闭心灵的有效媒介。就如排球，它不再只是运动器材，而是跨越信任鸿沟、架设情感连接不可或缺的桥梁。对于安全感已然崩塌的孩子而言，教师所提供的持续、稳定、可预测的陪伴本身，其疗愈价值和重建意义远超过单纯的知识传授。这种陪伴，是修复基本信任、重建心灵安全基地的稀缺良药，更是合作育人理念得以生根发芽的土壤。

合作育人的真谛，不仅在于促进学生之间良性的协作与竞争，更深层的内涵在于师生之间形成情感支持与共同成长的生命共同体，恰似紧密配合的队友关系。在这样的关系中，学生因家庭破裂而破损的社会支持网络得到有效修复，至关重要的归属感与自我价值认同得以重建，最终内化为“信其道”“奉其教”“效其行”的持久学习动力，释放出曾被压抑的生命潜能。与此同时，教育者勇于放下“全能教师”的职业面具，展现一个真实的自我——会为救球奋力流汗，会为得分开怀大笑、也会出现失误，既有热情也存在局限。这份不设防的真实，反而拥有威严所不及的、直抵心灵的力量和亲和力。

特殊家庭孩子的转变，本质上是心灵层面的扭转，是从自我防御走向心灵开放，从绝望阴霾萌生希望之光的过程。这需要我们教育者珍视并参与他们的热爱，在共同经历和互动中，帮助他们重建内在的安全感、生活的秩序感以及对未来的积极憧憬。即便身处最浓重的家庭阴霾之下，孩子内在的聪慧与潜能依然蕴藏不灭。教育者的神圣使命，便是以无条件的爱为火种，以深刻的理解为引信，借助合作性活动作为媒介，去点燃那内在的光芒。当他们终于找到属于自己的成长轨道，这些曾经看似黯淡的孤星，不仅能绽放出自身璀璨的光芒，其焕发出的蓬勃生命力、所习得的合作精神与良性竞争勇气，更能如星光般照亮身边的同伴，形成生生不息、积极向上的成长生态。那颗小小的排球，最终奏响了一曲在心灵破碎处重建信任、于生命孤寂中点燃合作、让竞争化为前进动力的壮丽生命交响。

暖语化心锁　信任育新芽

刘　霞

一、案例呈现

学校的“书市大集”活动即将拉开帷幕，孩子们兴奋不已，纷纷带来了自己心爱的书籍和积攒的零花钱，准备体验交换与交易的乐趣。然而，活动尚未正式开始，一件意想不到的事情发生了。班上一名女生小雅和一名男生小磊私下里完成了一本书的交易。这原本是件小事，但很快演变成了一场争执：小磊坚称自己付了钱（十元钱），但小雅没有给他书；小雅则同样坚决地表示，书已经交给了小磊。更令人头疼的是，小磊用来买书的这十元钱，如今也“不翼而飞”。

作为班主任，我深感必须查清真相，这不仅关乎财物，更关乎诚信教育。我分别找两个孩子谈话，耐心地给他们讲诚信的重要性，引用了诸如“狼来了”“华盛顿砍樱桃树”等经典故事，希望他们能主动承认错误或澄清事实。然而，无论我如何引导，两个孩子都坚持自己的说法，互不相让，局面僵持不下，办公室其他老师也热心帮忙分析劝导，整个上午过去了，我们使尽浑身解数，毫无进展。办公室里弥漫着无奈的气氛，大家都感到束手无策。

就在这时，同办公室一位经验丰富的老教师朝我使了个眼色，然后对着两个孩子，用一种半是认真半是提醒的语气说道："哎哟，你们俩这一上午都不肯说句实在话，这钱和书的下落不明不白，再这样下去，下午恐怕真得惊动警察，让 110 来处理这交易纠纷了。"我立刻领会到老教师的意图——是想用这个"后果"施压，让孩子知难而退。我随即附和道："是啊，咱们自己的事情最好自己解决，可别真惊动了警察叔叔来处理小朋友的事。"然而，出乎意料的是，即便听到"警察""110"这样的字眼，两个孩子依然目光躲闪，紧抿嘴唇，沉默地低着头，态度没有丝毫松动，办公室里的空气仿佛凝固了。

午休时，我辗转反侧：此事必须施以良策，否则可能造成伤害，摧毁信任；但此事不能不了了之，必须给孩子明白交待，让他们懂得诚实可贵。反复思量后，我决定彻底放下调查者姿态，用最深理解和接纳去叩开那因恐惧紧闭的心门。

下午，我将两人带到安静角落。这次，我不再重复道理或提及上午的警告，而是看着他们的眼睛，用温和理解的语气说："孩子们，老师知道，你们都是好孩子。你们是不是特别特别担心，如果承认了或说了什么，会让老师觉得你不是好孩子了，怕老师以后再也不喜欢你们了，对不对？"我观察到小雅身体微颤。我接着说："其实，没关系。在老师心里，你们永远都是老师的好学生。谁都会犯错，这很正常。最重要的是意识到错误时，能勇敢承认并改正。只要诚实告诉老师发生了什么，老师不仅不会不喜欢你，反而会更欣赏你的勇气和诚实。老师小时候也有过不小心拿了不该拿东西的时候，心里特别害怕，但后来明白错了马上就改，这不影响我现在成为好老师。知错就改，就是最棒的孩子！"我真诚分享了策略性的类似童年经历，试图用同理心架起理解桥梁。

话音刚落，小雅眼眶瞬间蓄满泪水，大颗泪珠滚落。她低头小声啜泣，终于开口："老师，对不起……钱是我拿的，书……书我也没给他。"更令我意外的是，在巨大释然和信任感驱使下，她哽咽补充："老师，我…我还偷偷拿了班级图书角的两本书，也……也准备今天卖掉……"这一刻，积压一上午的沉重被复杂情绪取代——有真相大白的释然，也有对问题严重性的新认识,但更多的是对孩子敞开心扉的感动。我用纸巾擦去她的泪痕,像呵护易碎的瓷器:“谢谢你相信老师,勇敢说出真话!老师很为你高兴,你做出了正确选择。”我再次郑重承诺:“你放心,老师说话算数,这件事是我们之间的秘密,老师不会告诉其他同学和家长。老师相信,经历此事,你会成为更正直、更值得信赖的人。”

后来的日子,小雅主动负责图书角的整理,她总在午休时把书脊对齐,用彩纸包好书角;班级义卖她主动当收银员,零钱袋系了三层结,账单一笔一画写得比作业本还工整。有一次她指着公告栏的“诚信之星”海报,扭头对我笑,小虎牙在阳光下亮闪闪的——那是比任何奖状都珍贵的勋章。

二、问题及分析

本案例的核心挑战在于如何有效破解学生间因财物纠纷引发的诚信僵局。常规的教育手段,如讲述诚信道理、引用经典故事、发动办公室老师集体劝导,甚至施加外部压力请警察介入,均告失败。两个孩子表现出异常坚定的对抗姿态,表面看是十元钱和一本旧书的归属问题,实则陷入了“谁承认就代表谁撒谎”的死胡同。

深入分析,这种僵局的根源在于儿童复杂的心理防御机制和深层恐惧。低龄孩子对维护“好孩子”形象有着强烈的需求,对失去老师的喜爱和认可抱有巨大的恐惧。小雅的行为,无论是交易纠纷、拿走十元钱,还是后来坦白的挪用班级图书,其背后最核心的驱动力并非恶意,而可能是冲动、诱惑或害怕失败被责难后引发的连锁反应。然而,最大的恐惧压倒了一切:她深信,一旦承认错误,就等于彻底失去了老师的喜爱和作为“好孩子”的价值认同。上午的所有方法,包括最后的报警警告,不仅未能触及这个情感痛点,反而因施加了更大的压力和潜在的羞辱感,如同在恐惧的心门外又加了一把锁,使她更加退缩到沉默的堡垒中。威胁报警更是南辕北辙,将本应是安全港湾的老师,推向了代表更大恐惧的“执法者”一边,完全背离了儿童在高压下本能寻求安全庇护的心理需求。

三、方法指导

本案的成功解决,关键在于教育者实现了从“施压追查”到“理解联结”

的根本性转变。其核心方法是基于人本主义心理学理念的深度同理心沟通。

首先,彻底营造安全的心理环境。摒弃了所有指责、审判的姿态和外部威胁的言语,明确传递出"此地安全,你被接纳"的信号,让孩子感到不会被抛弃。在此基础上,进行精准的深度共情。敏锐地识别并直接点明孩子内心最深层的恐惧——"怕老师不喜欢自己了,怕失去好孩子形象"。这句直指心灵的话语,其效力远超任何道德说教,让孩子感受到"老师真的懂我的害怕"。同时,给予无条件的积极关注和价值再肯定,反复强调"你们都是好孩子","在老师心里永远是好学生",清晰地将"人的价值"与"错误行为"分离,卸下"犯错即万劫不复"的心理枷锁。

其次,运用降低错误门槛和适度自我暴露的策略。明确指出"谁都会犯错"的普遍性,将沟通焦点从"惩罚"转向"改正"带来的成长价值(知错就改就是最棒的孩子),为孩子铺设了改过自新的希望之路。教师策略性地分享自身童年类似错误经历,极大地消除了孩子的孤立感和羞耻感,建立了"我们一样"的信任基础,显著拉近了心理距离。

最后,信守关键的保密承诺并提供持续支持。郑重承诺"这是我们之间的秘密"并坚决履行,是重建信任、保护孩子脆弱自尊的基石,为其积极转变提供了安全的心理空间。事后对小雅"正气"表现的持续关注以及或公开或私下的肯定,则有效巩固和强化了她的积极行为,促使外在约束最终内化为稳定的品格。

四、经验与思考

这场风波带来的启示深刻而珍贵。它清晰地昭示:在处理儿童行为问题时,尤其是涉及隐秘、羞耻感和诚信危机时,急于求成的施压与审判往往是徒劳甚至有害的。教育者的首要任务,是穿透行为的表象,看见并理解孩子内心汹涌的情感暗流——那最深的恐惧、不安与渴望。只有当孩子确信自己身处绝对安全、被无条件接纳的环境,感受到爱不会因错误而消失,才可能卸下防御的重甲,鼓起勇气袒露真相,甚至像小雅那样,主动承认超出预期的错误。

一句基于深度共情的话语，其蕴含的温暖与理解，拥有穿透心墙的惊人力量，远胜千言万语的说教或简单粗暴的威胁。它如同量身打造的钥匙，能精准地打开因恐惧而紧闭的心锁。信守保密承诺绝非对错误的姑息，而是建立深度信任、保护成长自尊不可或缺的契约，它向孩子证明：改过自新是可能的，未来依然光明。

此案例也警示我们，诉诸外部权威威胁如报警，在解决此类儿童行为问题时通常无效且风险巨大，极易造成难以愈合的二次伤害，从根本上动摇师生关系的根基。真正的教育智慧，往往在于舍弃雷霆手段，选择春风化雨般的理解、无条件的积极关注和磐石般坚定的信任。唯有在这样的沃土中，诚实的种子才能安心萌发，正直的幼苗才能舒展枝叶，最终茁壮成长为支撑一生的道德脊梁。这十元钱所换来的成长一课，价值连城。

爱与责任

王玉香

一、案例呈现

暑假里，我接到欣欣爸爸的电话，原来是孩子在家因为暑假作业中有太多题不会做，导致产生不想上学的念头。她的想法很简单，不上学了，也就不用写作业了。要知道，开学后，欣欣才升四年级，如果这么小不上学，孩子能干些什么呢？我马上来到欣欣家里，好不容易爬到6楼，映入眼帘的是欣欣坐在沙发上，头低垂着，脸上还挂着泪珠，她爸爸气呼呼地在一旁坐着。我看着欣欣，什么话也没说，先把她揽在怀里，轻轻地拍了拍她的身体，柔声说道："欣欣，老师知道你在生自己的气，没事，想哭就哭吧。"没想到，这孩子不断啜泣，慢慢地竟然放声大哭，一副非常委屈的样子。我还是什么话也没说，就那样轻轻地抱着她，一直等她停止了哭泣。然后我们才慢慢地聊起来，我问她："今天发生什么事了？让你这么伤心。"她低声地说："在做数学题时我不会，爸爸教了4遍，我还是不会。爸爸很生气，声音很大，我很害怕。我是真的不会，我不愿意看到爸爸生气。我想，要是我不上学的话，就没有这些烦心的事了。”欣欣爸爸在一旁说，虽然孩子基础很差，但是自己从来没有放弃过她，为了她，自己平日很少出去，每天在家教她题，谁知道，现在这孩子竟然不想上学了！

二、问题及分析

欣欣是一个单亲家庭的孩子，在她 3 个月时父母离异，从此她再也没见过妈妈。她在上小学之前一直由爷爷奶奶在农村带着，上小学后爸爸把她接到了胶州。结果从上一年级开始她学习就非常吃力，她基础很差，每次测试成绩自然不高，因此她非常自卑。再加上从小没有得到过母爱，她整个人是毫无安全感的。在家里，爸爸对她的学习要求非常高，每次作业都是帮助她认真完成，但是，一个单亲爸爸，既要承受工作中的压力，又要照顾幼小的女儿，有时候脾气自然暴躁，自己的坏情绪也会不自觉地发泄到孩子的身上。孩子在家是弱势群体，自然承受了太多她这个年龄不应该承受的东西。慢慢地，孩子的眼睛里没有了光芒。

三、方法指导

教育家陶行知先生曾经说过，一切出于爱的教育一定是最好的教育。对于这句话，我深信不疑。我和欣欣爸爸聊了聊，欣欣爸爸告诉我，欣欣一年级语文书上好多字不认识。我很惊讶，我教了她一年数学，一直没发现这一点。欣欣爸爸把语文书拿出来，让欣欣读给我听。我发现对于一年级的简短的课文，这孩子能顺着背下来，但是，单独拿出一句话，我让她读给我听，她就有好多字读不出来了。怪不得孩子成绩一直不好，字都不认识，怎么能好呢！于是，我和欣欣爸爸当场约定，孩子的有些作业不需要写，当务之急是孩子需要认更多的字。

因为正是假期，所以，欣欣的时间比较充裕。于是，我和欣欣说，让她从基础做起，先从认字开始，每天读一页语文书，书里面的内容要正着读、反着读，这样就能找出自己不认识的字，然后将不认识的字单独圈出来，认真认读，每个字再写 5 遍，每天将读书的视频和写的字都用微信发给我。欣欣听话地点点头。从此以后，每天晚上 7 点左右，欣欣都会给我发她读书的视频以及她写的字。只要收到视频和字，我都会给她回复，这是我其中回复的内容："做得很好，欣欣，为你点赞！""加油吧，心灵手巧的欣欣！相信一句话：付出就有回报！""欣欣读得很好，遇到不熟悉的字写下来，坚持下去！""欣欣，你努力的样子很美！""欣欣，你要感谢努力的自己，同时也要感谢一直陪伴你的爸爸，你真是幸福的孩子，加油！"我相信欣欣看了之后会受到很大的鼓舞。爱她就给她自信，就给她勇气。我希望用这些暖心的话语带给她力量。果然，她再也没提不上学这件事。

惊喜发生在开学后。开学之后，我给她调了座位，我把她调到前排，有时候我会安排她去做一些事情。我发现她每天双眼都充满了神采，在数学课堂上很积极，多次回答问题。尤其是有一天，我让学生站起来复述我刚刚讲过的一个重要的知识点，这个知识点有些复杂，全班没有一个举手的，孩子们怕回答错了。我没有想到欣欣自信地举起手来，我惊呆了，我让她起来回答。她说得完全准确，听讲特别认真。那一刻，全班同学自觉地为她鼓掌，她实在是太棒了！

四、经验与思考

每一个孩子都是被上帝咬过一口的苹果。对于欣欣这样的孩子，可能是上帝对她太偏爱了，给了她很多的磨难，母爱的缺失、学习力弱，但是，在这个世界上，唯有爱、唯有信心才是一个人最重要的信念支撑。在对待欣欣这件事上，我的一次家访，我的一个决定，我每天的语言的鼓励，在不知不觉中滋养了孩子那缺爱的心田，让她萌生出自信的枝芽，让她的双眼充满了神采。当然，我知道，只这样做，还远远不够。欣欣爸爸需要不断学习如何做一个更好的爸爸，他要学会随时觉察自己的情绪，不把负面情绪发泄到孩子身上。我在校需要把更多的关爱给这个孩子，她可能成为不了学习优异的孩子，但她可以成为一个眼里有光、每天都充满希望的孩子。

教育无小事，我们班主任老师需要将自己的工作做得再细些、再细些，方能不辜负背后家长对我们的信任。而这，也是我们的责任。

爱在细处　静待花开

王广莉

一、案例呈现

魏书生老师说：心灵的大门不容易叩开，可是一旦叩开走入学生心灵世界去，就会发现那是一个广阔而迷人的新天地，许多百思不得其解的教育难题都会在那里找到答案。作为一名老师，我爱这份陪伴、鼓励孩子们前行的职业，秉承全纳教育理念，用爱心、勤恳和热情滋养每一个孩子，期待把每一株小苗暖至花开……

在班主任工作中，我始终如一坚持以爱感化学生。平日教学中，老师做不到一眼望穿所有的学生，单独沟通交流则是最有效的教育方式，这样可以深度了解每一个学生的个体状况，把学生装到心里，也可以让学生认为自己是老师心中那个不一样的孩子，这会极大地增强他们的自信心。每天下午第二节课后，都是我和学生单独沟通交流、增进师生关系的黄金时间，我总会利用这个时段和最近班内表现异常的学生进行沟通。当我沉下身子和他们坦诚相待时，他们也会把学习生活中的困惑和盘托出，我则借机进行引导。

最近一段时间我发现小萱同学上课总是无精打采，既不回应老师也不思考作答，沉默得有点过分，我决定利用课后时间和她进行一次谈话。

二、问题及分析

（一）初步沟通，了解情况

那天课后，我将小萱喊住，准备询问，结果她先来一句："老师，你叫我什么事儿？"果然单独交流时她还是那个善于沟通的姑娘。我询问她最近表现异常的原因，她一言不发。我又表示作为老师我无意窥探别人的隐私，但作为最关心她的人之一，我想帮她找回以前的自己。她点点头，我接着说："老师很喜欢那个遇到问题见解独到的你，喜欢那个无论安排什么事都一声清脆的'好嘞'的你，喜欢那个主动私发习作让我帮忙修改的你……"我陷入了回忆，正打算搜罗更多优点帮她树立自信，只见她张了张嘴，又犹豫了一下："我还是告诉你吧！"话没说完泪水就已夺眶而出，她摘下眼镜擦了擦眼泪，接着告诉我，妈妈帮她报了网络直播课，她每天除了完成学校的学习任务外还要应付网课作业。有次她星期六上了 3 个培训班，星期天从早上到中午一直在做作业、打卡、背诵，下午 4 点终于告一段落想出去透透气时又被妈妈拉过去背单词，那一刻她大概是崩溃了，和妈妈展开了一场激烈的争执。看着小姑娘流泪说出这么一大堆话，我瞬间有点心疼这个孩子。我先轻抚着她的肩膀安慰她，告诉她有这种情绪很正常，然后站在家长的角度上进行劝导，试图让她理解妈妈的期望，最后告诉她我会找机会和她妈妈沟通，取得妈妈的理解。

小萱来自单亲家庭，妈妈把所有希望都寄托在她身上，以前的老师因为同样的原因曾试图和她妈妈沟通，但迎来的只是妈妈对她的责备……

首次谈话后孩子倒是有所变化，大概是感觉到了我的关心，上课迎着我的目光时会微微一笑。但这件事才开了个头，如何减轻或转化孩子的压力、改善亲子关系是重点。我抱着试试看的态度联系了小萱妈妈，告诉她孩子最近精神状态欠佳，感觉有点疲劳，然后顺势询问孩子在家的状态。孩子妈妈显得有点激动，她抱怨道："这孩子我没法管，做事拖拖拉拉，作业书写潦草，我真的快要崩溃了！”原来，妈妈和孩子一样焦虑。她告诉我，孩子放学磨磨蹭蹭，20分钟的作业能做3小时，看起来确实很忙碌，却没有任何效果，这让她更加困惑。听到这些，我又想起那个在我面前哭哭啼啼的小姑娘，这让我一时无所适从，我先安慰她，并表示会尽快和小萱同学交流，寻找她磨蹭的原因。但我认为当务之急，是缓和母女关系。

（二）再次沟通，交换意见

次日一上学，我又约小萱同学交流。我先询问她作业磨蹭的原因，她哭着告诉我，我打完电话后妈妈又批评她了，还阴阳怪气地挖苦她什么也做不好。她作业磨蹭是想避免做网课作业，她真的有点累。听到这里我一时后悔自己昨天打的电话了，因为我的电话她又挨批评了。我以家长的角度告诉她：“妈妈的初衷是关心你，可能方式不恰当。你自己想不想比以前进步一点？”她点点头，我顺势给她提了两个要求：第一，在规定时间内工整地完成作业后，可以获取自由支配的时间；第二，尝试和妈妈和平交流，大胆说出自己的想法，不能一生气就乱发脾气。

下午我再次打通小萱妈妈的电话，如实告知她孩子真实的内心，并说出我的想法：眼下当务之急不是学习，而是缓解孩子的心理压力，等孩子情绪平稳、愿意正常沟通后，再一起商量决定课余时间的安排，孩子回家后不要因为咱们通电话的事责备孩子。她表示赞成。我建议她先从以下方面入手：首先，孩子不会的题不要只给孩子手机，不管自己会不会，至少要有陪孩子共同钻研的态度，以此影响孩子；其次，减少作业数量，除学校作业之外，近期暂时不要给孩子施加其他压力；最后，告知孩子每天作业在规定时间内完成后，可以获取一部分自由支配的时间。

（三）第三次沟通，尝试改变

第三次约小萱同学交流，我告诉她：“你妈妈承诺将会作出改变，也希望你能遵守以下约定：第一，在规定的时间内工整地完成作业后，可以获取自由支配的时间；第二，尝试和妈妈正确交流，大胆说出自己的想法。”听完这些，她舒了一口气：“我妈妈答应不上网课了？那我也试试吧！”第二天她告诉我妈妈没有再责备她，只让她按时做完家庭作业就行。

接下来的几周内，因为妈妈调整了教育策略，小萱同学的行为也发生了一点变化：上课开始举手发言了，作业书写越来越整洁了……我又一次联系了小萱妈妈。她高兴地说，孩子现在基本能在规定时间内完成作业，会和她心平气和地说话……听到这里，我才觉得松了一口气。接下来的巩固期，我会继续关注小萱同学，期待不久的将来她能有更大的进步。

四、经验与思考

小萱同学的家长属于典型的"望女成凤"，但家长在没有了解孩子状态的前提下给孩子施加了较大压力，出现问题后母女没有及时沟通，导致孩子出现磨蹭现象和逆反心理，对学习丧失信心。小学生群体中此类型案例较多，我认为老师处理类似事件可从以下几方面入手。

（一）家长层面

1. 勤沟通，把孩子放在心里

当班主任有一个重中之重的工作，就是要和家长勤沟通。班主任和家长勤沟通，把孩子的问题及时反馈给家长，让家长能随时掌握孩子在校表现、学习情况和心理状态；班主任和家长勤沟通，能及时了解孩子在家的表现，对孩子进行针对性的引导教育；班主任和家长勤沟通，会让家长内心觉得老师的心里装着自己的孩子，会更加密切配合老师的教育工作。

2. 说实情，让家长全面了解

在追求赏识教育的前提下，我们常常会因为怕麻烦、怕误会而用一些模棱两可的语言和家长交流，让家长始终认为自己的孩子很聪明，只是不认真。这种沟通方式在家校联系层面上收效甚微，并不能真正解决问题、促进孩子提升。因此，班主任的"真心话"就显得难能可贵。

说真话的好处很多。首先，说真话可以让家长了解孩子在校的真实情况，防止孩子欺瞒家长，方便家长跟老师互相配合进行教育。其次，说真话可以拉近老师和家长之间的距离，让家长从心底认为老师实话实说是为了自己孩子好，从而更加尽心尽力配合。

3. 常联系，帮家长找回信心

作为班主任，要想带好班级，家长的配合必不可少。我们要经常和家长取得联系，主动汇报孩子的进步，利用家长这个强有力的后盾对孩子进行教育。学校的部分教育活动会延伸至家庭，这时如果获取家长的同步监管，效果会事半功倍。

（二）学生层面

1. 放低姿态，坦诚相见

大部分老师在学生心目中的印象都较为严厉，学生很少会主动跟老师沟通，而他们内心却有一种想被了解、被发现、被承认的心理需求，因此老师主动和学生沟通会让其打开心扉。师生沟通中老师最忌高高在上，学生还没开口就充满惧怕。怎么做才是有效沟通呢？我们可以利用一些身体语言拉近和学生之间的关系，比如：微微弯腰，保持和学生同样的高度；面带微笑、轻抚肩膀，让学生心理放松；使用随和亲切的语言，让学生放下戒备和我们吐露实情。

2. 发现问题，及时沟通

有人说，班主任不仅是老师，还是警察、卫生员、调解员……在班主任工作中，我们要有一双如警察般锐利的眼睛，对孩子们进行细心观察，关注每一个孩子的动向、变化，及时发现他们的异常行为并在第一时间进行沟通处理，这样可以防止事态蔓延，把问题消灭在萌芽状态。

3. 随时跟进，鼓励进步

在班主任工作中，很多时候孩子们的问题不会一次性得到有效解决，因此我们一定要随时跟进，多次谈话沟通，及时了解孩子动态，并对其进步、变化进行表扬、肯定，引导孩子进步，使其重拾信心，巩固转变成效。常用语言如："昨天老师夸你值日认真，果然今天比昨天扫得干净！""自从上次我们说悄悄话后，你的作业整洁多了！""你最近精神状态真好！"……

心理学家认为，爱是教育好学生的前提。尊重每一位学生，以人为本，是对每一位教师的基本要求。教育是心灵的艺术。如果我们承认教育的对象是活生生的人，那么教育的过程便不仅仅是一种技巧的施展，而是充满了人情味的心灵交融。和孩子们共娱共乐，在工作中能俯下身来，悉心观察孩子们的细微变化，及时与孩子、家长沟通，在孩子面对困难不知所措时拉他们一把，孩子会感受到爱，老师也会享受工作带来的幸福感。

细心呵护　静待花开

刘　婧

一、案例呈现

小昕是我们班的一位女同学，她父母离异，跟爷爷奶奶一起生活，成绩中等，性格内向，在人面前非常腼腆，上课从不主动发言。当老师提问时她总是低头回答，声音也很小；下课后总喜欢独自坐在座位上发呆，不愿跟同学玩耍，越来越被班里的同学边缘化。我多次与她单独交流，发现这个孩子不是单纯的内向腼腆，而是存在自卑畏怯的心理问题。

二、问题及分析

自卑畏怯，是个体对自己能力与品质做出偏低评价的一种自我意识，是一种人格的缺陷，也是一种失去平衡的行为状态，同时可伴有一些特殊的情绪体现。这种心理我们或多或少都有，这种心理障碍与平时自己的生活环境及家庭因素有一定的关系，主要是自信心不足造成的。

小昕总觉得自己各方面不如别人，自卑的心理使她畏畏缩缩，缺乏自信心，这种心理障碍严重影响了她的身心健康发展。

（一）个人因素

通过观察，我发现她长期受自卑、羞怯、焦虑和失望等负面情绪影响，过重的心理负担使她不能正确评价自己的能力，一直怀疑自己的优点。自卑也让她变得十分敏感脆弱，即使她在某方面取得一些成绩，也感受不到成功的喜悦，总觉得自己与别人有很大的差距。

心理学认为，每个人都有先天的生理或心理缺欠，在人们的潜意识中都有自卑心理存在。一个孩子如果被自卑畏怯心理所笼罩，其身心发展及交往能力会受到严重的束缚，严重的会让他丧失进取精神和学习动力。

（二）家庭因素

在学生成长过程中，不利的家庭因素、不同形态的家庭环境，都在不同程度上影响孩子的心理健康。自从发现小昕存在自卑怯懦的心理后，我多次跟她妈妈交流，希望能找出问题的症结。她妈妈介绍说小昕的爸爸好吃懒做，除喜欢喝酒打牌以外，还喜欢喝醉酒后打人，她和小昕都被打过。目前，小昕的爸爸在外地打工，她和孩子交流见面的机会也不多，家里爷爷脾气不好，孩子一犯错就会斥责、谩骂孩子，在这样的家庭环境中生活的小昕，变得越来越自卑胆怯，学习成绩也越来越差。

从心理学的角度来看，缺少温情的单亲家庭更容易让孩子产生自卑畏怯的心理，做事缺乏信心，处处感到不如别人。从教育学的角度来看，家长与孩子缺乏有效的沟通交流与引导，还有来自同伴的嘲笑与欺负，都会让孩子产生心理压力，诱发自卑畏怯心理。

（三）学校因素

在班集体的活动中，缺乏主动性的学生越来越被边缘化，这是因为儿童认识能力的限制。长此以往，被边缘化的学生会离这个群体越来越远，形成恶性循环，更加加重自己的自卑畏怯心理。

三、方法指导

为帮助小昕克服自卑畏怯、树立自信，我从以下方面入手进行辅导。

（一）改变认知

美国心理学家阿尔伯特·艾斯认为，引起人们情绪困扰的并不是外界发生的事件，而是人们对事件的态度、看法、评价等认知。因此，要改变情绪困扰就应该改变认知，通过改变认知，进而改变情绪。

通过平时的观察，我发现小昕长期受自卑、羞怯、焦虑和失望等负面情绪影响，这是由她对事物的认知问题造成的。作为班主任，我主动帮她分析产生这些不合理情绪或自卑感的原因，并进行赏识教育：从她身上寻找优点，进行肯定和鼓励；对她身上存在的缺点，引导她正确看待；在遇到挫折时指引她向前看，化挑战为动力，扩大交友范围，从而帮助她树立自信。

（二）感受师爱

对于自我效能偏低的学生，教师应给予更多的关心，不要过多地指责他们不努力、不认真学习，而应晓之以理、动之以情，注意发现他们的微小进步并予以鼓励，使其在我们的鼓励中不断前进。

因而在课堂教学中，我特别重视小昕的感受，用热情的眼神引导她参与课堂提问，用鼓励的话语让她参加班集体活动，在生活中给予她更多的关心照顾，在课间休息也会与她亲切交流，让她感受到老师对她的爱无处不在。

（三）体验成功

在班上，我特意给小昕安排了小组长的职务，让她检查学生的作业和监管纪律。一段时间以后，同学们反映她非常有责任心，她获得了同学们的认可。在每周的例行班会上，我优先让她发言，对于集体的活动，也会让她参与策划主持，她开始变得自信起来，同学们也越来越喜欢和她一起玩。

（四）家校合作

小昕的自卑畏怯，很大一部分原因在于家庭环境与教育方式。因此，我把她的家长请来，详细分析了小昕在校表现情况及原因，与他们交流反馈情况，共同商量解决孩子心理问题的办法，建议家长选择适当的教育方式，给孩子提供表现机会，进行适当的肯定与表扬，让孩子克服自卑畏怯的心理，重塑自信。

四、经验与思考

学生心理异常的类型很多，关键是我们要向问题学生倾注更多的爱，教育学生就像是涓涓细流，河中流淌的应是爱心、细心、恒心。同时，加强家校联系，协调教育方法，统一教育要求，是促进小学生心理发展的重要保证。

小小五育卡　发挥大能量

李　娟

一、案例呈现

“李老师，小雨又没完成作业。”任课老师跑来跟我告状。我深深叹了一口气：“这是本周小雨第三次没完成作业了。自开学以来，几乎每周都得有几次不完成作业，不是这科没做完，就是那科没背诵，真拿他没办法！”其实小雨是个很讨人喜欢的孩子，平时在班里表现很出色。因为个头高、身体壮，小雨几乎承包了擦黑板、关窗户、搬书等所有工作，同学们有了困难他也很热心地帮助，加上小嘴很甜，老师、同学都喜欢他。可是最近，小雨不写作业的问题不断出现。我与他的家长电话沟通过，家长叫苦连天：“在家几乎不听家长的话，每次都得盯着他写作业，如果放手让他自己学习，几行字能写几个小时。”为什么孩子在家的表现，与在学校的表现如此不同？

二、问题及分析

通过家访，我与小雨一家人面对面交谈。经过几个小时的交流，我了解到：小雨的妈妈对他期望很高，每天写完作业都要额外给他布置任务，使孩子很疲惫。小雨的爷爷奶奶心疼大孙子，认为他爸爸没怎么上学，现在开个小公司也能挣很多钱。小雨爸爸是家里的独子，比较娇惯，除了工作，回家不是玩手机就是玩游戏，让小雨妈妈很反感。一家人教育观念不同，经常为孩子的学习争吵。小雨在这种环境中无所适从，渐渐地认为写作业就是靠时间：做什么不重要，只要到时间就可以吃饭、睡觉。

三、方法指导

想想平时在学校的表现，我认为小雨是个很有上进心的孩子，特别希望得到老师、同学、家人的认可，因为在家中怎么做都会有人反对，所以才会出现“磨洋工”的现象。于是，我决定在平时班级所用的五育卡中做文章。

（一）师生——让我做你的“妈妈”

心理学中有这样一句话：“接受者对高吸引力的传递者有较高的认同，容易接受他们的说服。”我把小雨叫到眼前，摸着他的头对他表扬了一番。他高兴地抿着嘴，一双大眼睛忽闪忽闪地看着我。我说：“小雨，今天开始让李老师来做你的妈妈好不好？”他一脸懵地看着我。我接着说：“从今天开始，我来检查你的作业，每天做完作业后，用手机拍照片发给我，我给你检查。如果在规定时间内做完，我就给你发一张五育卡。”他使劲点着头。要知道，每天都得到五育卡可是孩子们梦寐以求的事情。从那天开始，每天晚上 8 点，我等他把作业发过来。“小雨，语文作业中错了一个字。”“小雨，数学作业错了两道题，认真检查一下。”“小雨，英语作业有一个句子读得不准，跟我读一遍。”“母子俩”每晚的交流，让小雨的家庭作业在那段时间总是被各科老师表扬。

（二）生生——让我做你的“老师”

看到小雨的改变，我知道这只是暂时的。心理学指出：“已经内化了的态度，作为接受者的价值观和态度体系的一部分，难以转变。”我必须再做点其他的事。针对小雨的学习成绩不高、学习上有困难的问题，我给他所在小组的成员开了次会议，我告诉他们：“你们都是些能点石成金的孩子，小雨这段时间的进步，和你们有很大的关系。”我提出了一个方案：小组成员帮助小雨提高学习成绩，如果小雨能每天按时完成作业，小组成员每人发一张五育卡；如果小雨的作业能被老师评为A等级，小组成员每人得一张五育卡；如果小雨阶段质量检测能得“A”，小组成员每人得三张五育卡，得“B”则每人得两张五育卡……孩子们的积极性在五育卡的诱惑下被调动起来了。每天课程结束后，大家检查他背英语；下午放学了，组长拉着他背课文；晚上吃完饭后，小组同学远程监督他做数学题……在小组成员的帮助下，他的知识掌握得越来越扎实，五育卡越得越多，得到的表扬也越来越多，自信的笑容洋溢在他的脸上。

（三）家校——请你做我的秘密“监督员”

看到小雨的改变，我由衷地感到自豪。但是“态度转变是在一定的背景下进行的，一些环境因素也会影响态度转变”。要想真正改变，更重要的是小雨家人的改变。思来想去，我做了一个大胆的决定：在小雨的家中也贴一张“五育卡表”，给小雨的家人设一个位置。我告诉小雨：“妈妈在你做完作业后让你多学习一些的想法是对的，但是得在保证完成学校老师布置的作业的情况下。如果上课学会了，妈妈可以不额外给你留作业。爷爷、奶奶的想法是不对的，虽然爸爸没上过很多学一样可以开公司，但是如果他能有很高的文化水平，也许会开一个更大的公司。爸爸的做法是不对的，在家里有很多有意义的事情可以做，比如看书、做家务等，玩游戏和手机会浪费很多时间。李老师请你做家庭秘密监督员，如果他们没争吵、没玩手机和游戏，这一天咱就给他们发一张五育卡。”他听了我的话很兴奋。这样，小雨在家中，给他的家长也发起了五育卡。当然，私底下对这件事情我早已和他爸爸妈妈做了交流，让他们配合我的工作。当小雨妈妈看到家中的五育卡表时，她的眼里含着泪花，直说：“李老师，您的五育卡救了我们全家。”

冰心说过，教育在左，爱心在右。我会用我的爱心让五育卡发挥大能量，让我的教育之途花香烂漫。

四、经验与思考

（1）在教育的过程中，对孩子的认可很重要。所以，我先从表扬他开始，让孩子知道老师是关心他、认可他的，让他放下心中的芥蒂，接受老师的建议。

(2) 在教育过程中,陪伴很重要。这种陪伴可以来自老师、家长,也可以来自同伴,让同伴帮助他,更重要的是陪伴他一起成长。

(3) 在教育过程中,树立正确的人生观和价值观很重要。要让孩子明白哪些是错的,哪些是对的。对的事情要表扬,错的事情要批评,即使爸爸妈妈也不例外。

有了认可、陪伴、正确的价值观,孩子才会真正地转变。

新式偏心正在二胎家庭盛行

纪倩倩

一、案例呈现

班里有个小姑娘，扎着两根长长的辫子，眼睛清澈灵动，性格活泼开朗，擅长舞蹈、剪纸，深受同学们的喜欢。她学习优异，做事靠谱，是我的得力助手。一下课，她就会跑到讲台上，来到我身边和我说说话。她的笑容是那么灿烂和治愈，甚至可以让我忘掉一些烦恼。我亲切地称呼这个孩子为小桐。

我教小桐已经有两年了，在三年级下学期，小桐却跟变了一个人似的。原来开朗爱笑的小甜心不见了，在我面前的是一个皱着眉头、不爱说话、情绪低落的孩子。发生在小桐身上的“怪事”也变多了，比如隔三岔五就有同学跟我反映小桐又哭了，询问原因却总是鸡毛蒜皮的小事。我意识到这其中肯定有原因，也感受到小桐在用这种方式谋求老师的关注，所以我打算找机会主动找小桐聊一聊。

又是一天午饭的时候，几个孩子焦急地跑过来对我说：“老师，小桐用鹌鹑蛋皮割自己的手腕”。我认识到这是一个机会，马上把小桐找过来询问原因。没料到，小桐一口咬定自己不受控制，是灵魂里有个人告诉她这样做。见她不想说，也怕她真的出事，我就给她妈妈打电话，让妈妈和她聊聊，结果她妈妈说小桐在骗人，没啥大事，就是对某些事情不满意，用这种方式告诉别人她不开心了。听完妈妈的反馈，我知道小桐没什么大事，就让小桐回去把饭吃完，让她冷静一会儿。午自习过半，我找到小桐，温柔地告诉她："小桐，你有什么事情，就跟老师说，如果不想让别人知道，老师一定给你保密。"慢慢地，小桐卸下防备，对我敞开了心扉。

二、问题及分析

原来，自从小桐有了妹妹之后，小桐的爸爸妈妈就把更多的时间放在妹妹身上，把更多的爱给了妹妹，忽视了小桐。姐妹之间发生了争吵，妈妈总是不分青红皂白，直接批评小桐，指责小桐是姐姐应该让着妹妹。久而久之，连妹妹也欺负小桐，在妈妈给小桐零食时，妹妹会趁妈妈不在的时候对小桐说："这是妈妈给我买的，你不要吃。"小桐的爸妈经常吵架，吵完后妈妈就会把气撒到小桐身上，小桐觉得很委屈。针对这些问题，小桐尝试过和妈妈沟通，却换来妈妈的不理解和打骂，所以小桐才会有后续的种种表现，甚至想过结束自己的生命。

随着政策的开放，二胎家庭越来越多，但是在享受着双倍快乐的同时，也面临着"双子"关系的平衡问题，不可避免地出现偏心的情况。有一种新式偏心——大让小。在日常生活中，我们经常可以看到这样的情况：在孩子之间争某件物品时，家长往往会说"你是姐姐，要让着妹妹"；当孩子同时犯错时，往往会首先责怪老大，而对老二则会以年龄小这个理由"网开一面"。这种大让小的新式偏心看似很正常，也很"理所当然"，但长此以往，是会对孩子和家庭关系造成很多的影响的，小桐就是典型的"老大"。

小桐就是因为长期父母偏心的想法，总让小桐让着妹妹，从而不断产生成见，形成逆反心理，故意找事，甚至做一些危险动作，引起父母及老师的关注。如果在家里都得不到最亲的人的认可、得不到爸爸妈妈的爱，那么她会变得不爱与人交流，越来越孤僻、自卑，不利于心灵成长。

三、方法指导

我把了解到的孩子内心的想法和小桐妈妈聊了聊，小桐妈妈在电话那端泣不成声，对自己的行为进行反思，表示也会把多一些的爱放在小桐身上。针对这种情况，我提出几点建议。

（1）给予大宝和二宝合理的情感关爱。在二宝到来后，由于二宝比较娇弱，需要大人更多的关爱和照顾，家长因此可能忽略了大宝的情感。尽管有部分大宝表现出了对大人的理解，并且参与到了与家长一起照顾二宝的过程中，但是他们内心并非心甘情愿这么做，也许这么表现只是另一种求关怀、求关爱的方式。家长觉得通过之前的沟通和大宝的日常表现，他们已经接受了二宝的到来，但是一旦二宝出生，局面可能又会是另一番景象，实际生活远比想象的更加难以预测。现实中大宝的心理更加脆弱，因为他们并不像二宝那样只是生理的条件反射需要父母，大宝是因为情感的形成，除了物质的保证，更需要家长的语言和肢体上表现出的关爱。家长在日常生活中，多夸夸大宝对二宝的关照，回家时先给大宝一个拥抱，都能使大宝感觉到父母的关怀和爱。因此，家长应在日常生活中注意对两个孩子情感的合理分配，消除大宝的负面情绪。

（2）在处理是非时，公平对待，不因年龄问题偏袒任何一方。日常生活中，家长一定要做到公平对待两个孩子，让孩子感觉到平等，在事情处理上，让两个孩子看到家长对待自己的结果是一样的。例如，在给两个孩子准备物品时，要体现出公平。再调皮的孩子身上也有闪光点，即使其中一个经常做错事，家长也要发现他的长处，并及时提出表扬，这样不至于让他自暴自弃，感到家长的嫌弃。如果一个孩子做事总是获得表扬，也要找机会点拨他一下，让他不至于因为过度自满而骄横跋扈。切忌两个孩子出现矛盾和争执时，家长过多干涉，故意偏袒一方或是抓住一方的错纠缠不休，这都会使其中一方情感受挫，造成矛盾升级。

（3）创造大宝和二宝共处的机会，培养双方的责任心和同理心。孩子出生后，在条件允许的情况下，放手让两个孩子保持适当和合理的独处空间。在这个过程中，让大宝觉得照顾二宝是他的一种责任和义务，也让大宝感觉到弟弟妹妹的成长是在他的悉心照料下完成的，有一份成就感，同时也将增进两个孩子之间的手足情。

其实每一位父母都能给予孩子百分之百的爱，有两个宝贝的家庭，父母要尽量给孩子平等的爱，因为每个孩子都是单独的生命体，他们不应该按照父母的意愿去成长，每个孩子都需要有表达自己意愿的机会与主张。在二胎家庭中，两个孩子能带给家长双倍的幸福，作为家长应该把这双倍的幸福放大并延续，给予两个孩子充满爱的家庭氛围。

四、经验与思考

通过与小桐妈妈的多次沟通，以及与小桐的多次交流，渐渐地，我发现小桐的嘴角又扬起了温暖的笑容……

从这件事情中，我认识到家庭教育对孩子的健康发展起着至关重要的作用。正如心理学家郝滨老师所说：家庭教育是人生整个教育的基础和起点。家庭教育对孩子的影响是最深的，会直接或间接影响一个人的人生目标的实现。

家庭教育是一种平等的双向、互动教育。平等的前提下，可以是家长指引孩子的教育，也可以是孩子纠正家长的教育，还可以是“和平探讨”出“真理”的共同进步的教育。在多孩家庭爱的失衡问题中，教师可以充当砝码，帮助家长和孩子让倾斜的天平恢复平衡。同时，教师也要因势利导，拓宽教育辐射面，引导学生提高主人翁意识，辅助家长或身边人共商良策，优化家庭教育模式。

信任的温度

赵　盼

一、案例呈现

在繁杂的班主任工作中，一些看似微小的细节，往往蕴含着最打动人心的力量，成为构建家校信任的基石。小赫同学的经历便是一例。

初识小赫，他是个安静内向的男孩，因父母工作调动而频繁转学。半年前，小赫母亲带着歉意告知我，他们又要搬家了。尽管不舍，我还是按流程协助他们办理了转学手续。临行前，家长预交了500元书费，我明确告知："费用多退少补，请放心。"

时光飞逝，半年后学校财务老师提醒我，小赫的书费结算后剩余424元需退还。我心头一紧——这笔钱竟被遗忘了这么久。翻开通讯录找到小赫妈妈的微信，我斟酌着发出信息："您好，小赫妈妈，之前预交的书费还剩424元需要退还给您。"信息发出，内心忐忑：他们是否早已忘记？转学后联系甚少，这突如其来的退费是否显得突兀？

很快，语音回复弹出："赵老师，您太细心了！这点钱您留着吧，转学时麻烦您那么多次，我都过意不去……”语气轻快而意外。我立刻回复：“这是学校规定，必须退还的。”然而，家长坚持推辞，直到次日微信自动退款也未接收。

这笔“无处安放”的钱让我陷入两难：上交财务，意味着家长需专程来取，平添麻烦；放任不管，则违背原则和承诺。深思后，我再次拨通电话：“您若不收，这笔钱按规定只能上交学校，到时还得麻烦您跑一趟……”短暂的沉默后，电话那头传来一声轻叹：“赵老师，您总是这么认真……好，我收下。”

紧绷的心弦终于放松。更令我动容的是，小赫妈妈随后轻声说：“小赫常念叨您呢，他说‘赵老师讲课特别有趣，我最喜欢她了’……”心头瞬间涌起暖流。那个曾怯生生的孩子，竟在新环境中珍藏着这份师生情谊。这让我想起他转学前塞给我的那张皱巴巴的卡片，上面歪歪扭扭写着“谢谢老师”。未曾想到，这些微小的联结，已在时光里悄然生根。

最终，家长接收了退款，并再次发来信息：“赵老师，钱已收到。您是我见过最负责的老师。”这短短一行字，饱含认可与信任，成为这次退费事件最温暖的注脚。

二、问题及分析

本次事件虽小，却折射出家校沟通中几个值得关注的问题，

（一）信息跟进滞后

转学生费用结算属于常规流程，但因缺乏有效的追踪提醒机制，导致半年后才被财务发现，存在管理疏漏，易引发遗忘或误会。

（二）原则与人情的冲突

家长出于感激或“怕麻烦”心理，倾向于以“人情”代替“规则”，如拒收退款。此时，教师若为“省事”而妥协，虽一时方便，实则模糊了家校交往的边界，可能损害规则的严肃性和学校的公信力。

（三）沟通方式的挑战

在家长婉拒时，如何既坚持原则，又能体谅对方感受、清晰传达后果，避免生硬执行或无效推诿，需要教师的沟通智慧。

（四）信任维护的契机

事件本身是危机也是契机。坚持原则并有效沟通、处理得当，能巩固信任；不了了之或态度强硬地处理不当，可能疏远关系，甚至引发后续矛盾。

如何在琐碎的日常事务中，既坚守制度底线，又能传递人文关怀，将每一次互动都转化为增进理解、巩固信任的契机，是我们做老师的需要深入思考的问题。

三、方法指导

基于此案例及常见问题，作为班主任在类似家校沟通中可以采取以下策略。

（一）建立规范流程，前置沟通

完善台账管理，对转学、休学等特殊情况学生涉及的预收费用建立专项追踪提醒机制，确保及时结算，避免遗忘。

（二）坚持原则底线，智慧沟通

(1) 态度温和，立场坚定。当家长出于好意婉拒退款时，首先要真诚感谢其体谅，然后清晰、坚定地解释规则的必要性，强调遵守规则是对双方权益的共同保障。

(2) 阐明后果，提供选择。清晰说明不接收退款的处理流程，让对方理解坚持原则并非“不近人情”，反而是为了避免后续更大的麻烦。同时，可提供便捷的接收方式。

(3) 避免“人情陷阱”。明确区分“工作职责”与“私人情谊”。坚持原则是职责所在，不意味着冷漠；接受“人情”替代规则，短期“方便”，长期可能损害信任基础。

（三）善用契机，深化情感联结

在沟通规则之余，适时表达对学生近况的关心，让家长感受到老师对孩子的持续关注，超越单纯的事务性联系。当家长或学生表达正向情感时，真诚回应并表达欣慰，强化积极情感连接。家长的一句肯定、学生的一张卡片，都应珍视。及时回应感谢，让家长感受到被尊重和重视。这些微小的互动是信任的黏合剂。

（四）保持沟通渠道畅通

即使学生已离校，若非必要，不必急于删除家长联系方式。保留一个善意、开放的窗口，便于处理后续事宜或传递关怀，也能让家长感受到教育的延续性。

四、经验与思考

这次424元的退费经历，深刻印证了家校信任的构建往往蕴藏在最平凡的细节与每一次对规则的坚守中。

（一）信任源于“较真”而非“通融”

家长那句“您留着吧”，表面是体谅，深层是对教师人品的信任试探。我的坚持退款，不仅是对财务制度的遵守，更是对这份潜在信任的郑重回应。它传递的信息是：这位老师可靠、有原则、值得托付。苏霍姆林斯基说：“教育的艺术不在于传授本领，而在于激励、唤醒和鼓舞。”这份“鼓舞”的力量，很大程度上源于家长对教师人格和专业操守的信任。这份信任，是有效教育的前提。

（二）规则是信任的基石而非隔阂

清晰、一致的规则并得到严格执行，是家校建立稳定、可预期关系的基础。家长的抱怨有时并非源于规则本身，而是源于规则执行的不透明、不一致或拖延。公开、公平、及时地处理涉及规则的事务（如费用结算），能有效减少误解、赢得尊重。规则与温情并非对立的，在规则框架内传递的关怀（如告知后果是为了避免家长麻烦），往往更显真诚和可贵。

（三）“小事”汇聚“大信任”

班主任工作由无数琐碎“小事”构成：一次耐心的倾听，一个及时的反馈，一项费用的清晰结算，一次承诺的兑现……这些看似微不足道的瞬间，如同涓涓细流，持续地浸润着家校关系。每一次负责任的“较真”，都在无声地加固信任的堤坝。当家长感受到教师的专业、尽责和真诚时，自然更愿意敞开心扉，与教师形成合力。

（四）情感联结赋予规则温度

在坚持原则的同时，一句对小赫近况的关心，对他想念之情的回应，瞬间让冰冷的退费流程有了人性的温度。这提醒我们，规则是骨架，情感是血肉。班主任需在恪守职责的框架下，敏锐捕捉并珍视这些情感流动的瞬间，让家校沟通超越事务层面，抵达心灵的理解与共鸣。

信任的温度，正是在这一次次平凡的坚守与真诚的互动中，穿越琐碎，暖过四季，成为支撑我们前行的不竭力量。它提醒每一位班主任，以真诚为经，以责任为纬，在细微处用心，方能织就坚固而温暖的家校之网。

用爱与策略让“刺猬少年”卸下尖刺

王瑞玲

一、案例呈现

我带的五年级班上，有个男孩小C，11岁的年纪，本该阳光灿烂，但他像只小刺猬，浑身是刺，碰不得。

(一) 他的家，像在风雨里飘摇

他爸爸，像座沉默又危险的“冰山”。白天不见人影，深夜回来不是打游戏就是睡觉，对家里的事漠不关心。可一点不如意，就瞬间就成了“地雷”，对妻儿只有打骂。

妈妈被抑郁症困住了，脆弱得像“玻璃”，遇到一点点小事儿，也会念叨“糟糕透了”“都是我的错”，甚至有过两次轻生。最让我揪心的是，只要我在学校说小C一点不好，她的反应就特别极端无助，有时还会失控地撞墙，甚至会伤害孩子(拿小C的头撞墙)……

妹妹才7岁，因为身体原因在家休学。

就是在这样的家里，小C成了小小的“顶梁柱”。幼儿园时他就会踩着小板凳煎蛋了，现在切土豆丝比妈妈强，油点子溅手上眼都不眨。他常对妈妈说："妈，你歇着！"厨房的灯，常是他为晚归或病中的妈妈点亮的。他总骄傲地对妈妈说："我炸的小白虾天下无敌！等我开饭店了，妈妈你当老板娘，天天给你免单！"这份在灶台前的自信，在教室里却消失得无影无踪。

（二）学校里的他，让人又气又心疼

1. 一点就炸的"火药桶"

数学课上，同桌不小心碰掉他的橡皮，他"哐当"一脚踹翻桌子："你找死啊！"。课本塞在桌洞角落，文具、本子经常是坏的。他会突然把纸团砸向同学，咧嘴挑衅："胆小鬼！有本事告老师啊！"那眼神，像受伤又戒备的小兽。

2. 孤独的"斗士"

课间操时，他总是磨蹭到最后，晃着不做操。一次几个男生笑他穿红鞋子，他猛地冲上去把人推倒："笑屁！你穿的鞋狗都不穿，老子穿红鞋比你帅！"他没朋友，只跟另一个"问题"男生混，起哄捣蛋，还总被怂恿干坏事、背黑锅。他语言表达能力欠缺，即使事情不全是他的错，他也不会辩解，只闷闷地说："他欠（揍）儿，他找事儿。"

3. 藏在饭盒底层的"骄傲"

学习对他来说太难了，字句像"油锅里的活鱼"。可劳动技能评比时，他站在讲台上讲"被子要叠十二个角""扫帚 45 度压灰"，那流畅自信的样子，简直发光！拿到"劳动好少年"奖状，他却偷偷把它藏在饭盒最底层，好像这份荣誉就该和他的油盐酱醋锁在一起。

4. 妈妈是他的软肋

平时跟我顶嘴，脖子梗得老硬，但只要我说"妈妈知道了会担心"，他肩膀立刻塌下来，手指绞着衣角，声音低得像蚊子："老师……别告诉我妈……"眼眶瞬间就红了。提到爸爸，他拳头攥得咯咯响，牙缝里挤出"他什么都不管"。可在周记里，他歪歪扭扭地写："今天给妈妈煮了山药排骨汤，她夸我比爸爸强一百倍。"

看着这个小刺猬，我知道，他的刺，是伤痕结成的痂。

二、问题分析：刺猬的刺从何而来？

这孩子的问题，根子扎在他那片"荆棘地"一样的家里。

1. 爸爸的“坏榜样”和缺失

爸爸的冷漠和暴力，让小C又怕又学。他跟我说过：“爸爸打游戏时，我摔碎碗会被扇耳光。”他好像只学会了用拳头解决问题。

2. 妈妈的病痛和“双刃剑”

妈妈的抑郁症像个黑洞。小C小小年纪，就成了妈妈的“保护者”，无微不至地照顾她，在学校犯了错最怕我知道后告诉妈妈导致刺激到妈妈。可同时，他又是妈妈发病时的“受害者”，他亲口说过害怕妈妈撞墙时也伤害他。这种撕裂，让他安全感碎了一地。

3. 扛不起的重担

照顾妈妈和妹妹，做饭洗衣，11岁就被逼成了“小大人”。家访时看到他床头放着的菜谱，听他熟练地说着洗衣机的各种功能，我心里真不是滋味。他的精力，都耗在这些“大人的事”上了，哪还有力气对付学习和同学？

4. 心里的“伤”变成“刺”

他自卑，就用攻击来保护自己（听到同学说“爸爸带我去玩”，他就踹桌子）。他总把别人无意的话当嘲笑，敌意特别重（认知偏差）。他不知道怎么好好说话，急了只会骂脏话、挥拳头（情感表达障碍）。他说：“我又说不过他们，除了骂和打，我不知道怎么让他们闭嘴。”

5. 越“坏”越孤单

因为总打架，好孩子不愿跟他玩，他只能跟同样“有问题”的孩子混，结果越混越“坏”，越“坏”越孤单，成了个解不开的“死疙瘩”。而且，他认定了自己是“垃圾”，他说：“反正他们都觉得我是垃圾，不如闹个痛快。”这标签贴得死死的。

三、方法指导：我这样做，陪他慢慢卸下尖刺

面对小C，光讲道理没用。我决定用爱打底，用策略铺路，一点点融化他心里的冰，帮他长出新的“铠甲”。

（一）我先做他最稳定的“靠山”

1. 无条件接纳他

不管他闯多大祸，我先告诉自己：他不是“坏孩子”，是个受伤了、需要帮

助的孩子。他发脾气时，我先递杯水："别急，慢慢说，老师听着呢。"让他感受到，我在这儿，不会因为他"炸毛"就抛弃他。

2. 听懂他的"话外音"

他顶嘴、说狠话时，我不急着批评，先让他把情绪倒出来。比如，他说："我觉得他不经打！"我先肯定他这次没动手："哇！这次你忍住了，没打人，太棒了！"然后再慢慢聊："要是下次你觉得他'经打'，你会换个法子吗？想想有啥好法子？"

3. 抓住"闪光点"使劲夸

眼睛得"尖"，逮着他一点进步就放大！哪怕他只是借橡皮时说了声"谢谢"，我也立刻表扬："小C，这句'谢谢'说得真清楚，听着真舒服！"我还弄了个小本子，让他每天记一件"没发脾气的事"，我再用亮闪闪的笔给他写评语，周末还能换点小"特权"，比如优先选他最喜欢的劳动任务。

（二）教他管住心里的"小火山"（红绿灯法则）

光靠忍不行，得教他方法。我做了三本小小的便笺纸（红、黄、绿），贴在他的桌角。

红灯（停）：感觉要冒火了？撕张红色纸！先深呼吸10秒，心里默念："停！我生气了！"（察觉接纳）

黄灯（想）：撕张黄色纸！冷静想想："我这一拳/一句脏话出去，妈妈知道了会咋样？能解决问题吗？有没有更好的招儿？"（分析思考）

绿灯（行）：撕张绿色纸！选个好法子行动，比如"去找王老师！"（行动表达）

每次看他按步骤撕小纸条，我就知道，他在努力学着管自己了。

（三）让班级成为温暖的"港湾"

1. 放大他的"高光时刻"

我把他那次没打架、冷静处理矛盾的事画成了小漫画《C哥的冷静时刻》，贴在他的桌边，让他天天看见自己的"厉害"。小组讨论时，我引导大家说说小C为小组做了啥好事（特别是打扫卫生，他忒在行）。班会课上，专门让同学们说说"小C这周哪里进步了"或者"他做了啥让你觉得温暖的事"。我还"偷偷"布置"任务"：晚上劳动作业是学做菜，鼓励同学们去请教小C！

比如小A就跑去问:"小C,你炸的小白虾绝了!教教我,怎么让每只虾都裹匀面粉不黏糊?"他像小老师一样指导同学,那眼神,亮晶晶的。

2. 给他能扛起来的"责任"

他家离学校近,我让他当"放学卫生检查官"。他检查合格的小组,才能下去站队。第二天课前,他负责把检查结果("优秀""合格""加油")写在黑板角上。他可珍惜这任务了!检查得特别仔细,一丝不苟,好像浑身有使不完的劲儿,就觉得不能辜负老师的信任。

3. 让他当"见习调解员"

班里其他同学闹矛盾,我处理时,特意让小C在旁边听、看。事后问他:"你觉得刚才谁处理得好?谁有错?错哪儿了?""要是你当老师,你会咋办?"慢慢引导他换位思考。

(四)试着修补他家的"安全网"

1. 给妈妈传递"光"

我知道小C妈妈状态不好,不能给她添堵。我隔三岔五就给她发微信,不讲问题,专挑小C的"好"说:"小C今天主动帮同学修椅子了,可有耐心了!""小C今天课上回答对了一个挺难的问题,同学们都给他鼓掌呢!"我还特意把妈妈收到信息后开心的回复(哪怕就一个笑脸),拿给小C看:"瞧,妈妈知道你进步了,多高兴啊!"我想让他知道,他的好是妈妈最好的药。

2. "撬动"爸爸这座冰山

和他爸爸沟通真不容易。我试着设计点简单的"父子任务":提前跟他爸说好,比如"周日您带小C去买趟菜吧,您列单子,让他算算钱够不够?"或者"晚上您烧壶水,让小C给您下碗泡面,他调料放得可准了!"。就成功了两次,但就这两次,小C都兴奋地跑来跟我分享,眉飞色舞的。我知道,哪怕一点火星,也能暖他的心。

四、经验与思考

看着小C一点点变化——打架次数从一周七八次降到一两次,满嘴脏话变成了偶尔蹦出几句,从没人理到课间有同学主动找他讨论炸虾技巧……我更加坚信:

1. 那些扎人的“刺”，都是求救的信号

小C的每一次暴躁、每一次挑衅，背后都在喊：“我好疼！”“我好怕！”“看看我！”当班主任的，得先有“读心”的本事，看见行为背后的伤。

2. 点亮他的“光”，比拔他的“刺”重要一万倍

盯着他的缺点，只会让他缩进刺壳里。我发现他的“光”在厨房、在劳动里，

那我就拼命让这光在班里亮起来！让他教同学做饭，让他当卫生官，让全班都看见他的厉害。这份价值感和成就感，才是融化他心里冰疙瘩的热源。

3. 织一张温柔的“网”托举他

拉一把这样的孩子，不能只靠班主任“单打独斗”。我得联合所有任课老师（跟他们悄悄通气，对小C学习要求先放放，多看他行为进步）；我得调动全班同学的力量（用“优点放大镜”计划让大家接纳他）；我还得想方设法“够着”他那风雨飘摇的家（给妈妈希望，尝试撬动爸爸）。得织一张温柔的“网”，四面八方托住他。

4. 给他“责任”，比给他“规矩”更有用

让他检查卫生、当小老师，这种他能做好又被大家需要的“责任”，比单纯命令他“不许打人”“不许骂街”管用多了。他扛起责任的样子特别帅，那才是真正的自信。

5. 耐心点，再耐心点

小C心里的伤，不是一天造成的，好起来也急不得。他会有反复，会再炸毛。我得稳住自己，相信他，陪着他。就像守着种子破土，每一次微小的进步都值得我为他鼓掌。我始终相信，只要爱和策略一直在，“刺猬少年”那坚硬的刺下，终会绽放出无比柔软又坚韧的生命力。别忘了，他首先是个孩子。他那么会照顾人，但我也时时提醒自己：别把他当成小大人来依赖。他内心深处，依然渴望被当作一个11岁的孩子来疼爱、来保护。在肯定他懂事能干的同时，也要让他感受到属于孩子的轻松和关爱。

做班主任，最幸福的事，莫过于见证一颗曾被冰封的心，在爱与信任的浇灌下，慢慢苏醒，绽放出属于自己的春天。小C的路还长，我愿意继续陪着他，慢慢走。

拨云引光

王瑞玲

一、案例呈现

小林同学经常无法完成作业，每逢周一便频繁请假。起初多以肚子疼为由，实则是因为周末未能完成家庭作业，需利用周一在家补作业。其间，我多次与他谈心，效果甚微。

后来，情况恶化，他一周有两三天不来上学，甚至整周缺席。为了让他返校，我通过微信、电话多次联系家长，甚至数次家访，当面与孩子沟通，均收效甚微。考虑到同龄人的影响力和同伴支持的重要性，我先后两次组织几位积极乐观、善于沟通的同学前往小林家进行劝导：有的同学真诚赞美小林的优点，帮助他建立积极的自我认知；有的分享高效学习方法，帮他树立信心；有的以自身经历为例，引导他乐观面对批评；还有同学对比自己长途跋涉上下学的辛苦与小林家近在咫尺的便利，明确告诉他时间并非阻碍，关键在于决心。这些乐观开朗的同学，本期望能感染带动小林。每次沟通后，小林都信誓旦旦承诺返校，也确实能短暂回来一两天，但很快又故态复萌。

在他连续缺课一周后，我利用周末上门为他补课、谈心，结果依然令人失望。这让我意识到，问题根源可能更深。

二、问题及分析

小林厌学，表面是畏难与学习习惯不良，深层根源却在于原生家庭功能失调带来的心理创伤和安全感缺失。

小林成长于单亲家庭，父母在他一年级时离异，他跟随父亲生活。父亲工作繁忙，早出晚归，在情感上缺位，疏于建立安全的亲子依恋，多以物质满足代替陪伴。周末和假期，小林去母亲处。母亲因离异心怀愧疚，对他过度补偿极度溺爱，有求必应，甚至包括不合理要求。这种矛盾且不稳定的教养方式，缺乏一致的行为规范和有效的情感支持，使小林在情感忽视与放任中成长。他逐渐变得懒散、任性，自我管理能力薄弱，未能养成良好的学习习惯，更丧失了学习的内在动机。雪上加霜的是，母亲再婚并生育一男孩儿，小林内心产生了强烈的“被抛弃感”和“同胞竞争焦虑”。尽管父母承诺爱不变，但他已对亲情失去信任，安全感严重缺失。家庭破裂的阴影笼罩着他，难以排解，手机游戏成了他逃避现实的港湾——在那里，他感到安全、放松，有人陪伴，获得虚幻的关注。

功能健全的家庭为孩子提供安全和支持性的成长环境，而功能失调的家庭则难以满足孩子心理与情感发展的核心需求（如安全感、归属感、价值感），容易导致情绪行为问题。这种环境通常会对儿童产生以下典型负面影响：

难以建立信任：在缺乏安全感和稳定感的环境中，孩子难以学会信任他人。

缺乏自信与价值感：孩子容易过度自我批评，常感内疚与无价值。

情绪调节困难与负面情绪主导：孩子更容易体验到强烈的愤怒、失望、悲伤等负面情绪，难以有效调节，更难以感受纯粹的快乐。

这些影响深远，若不及时干预，恐将伴随一生。因此，家校必须携手，共同为小林提供支持。

三、方法指导

我坚信，尽管小林父母无法复合，但他们对孩子的爱与天下父母无异，他们需要科学教养知识的引导。我首先分别与小林父母深入沟通，共同剖析孩子现状的根源。交流中，父母对离异给孩子造成的伤害深感内疚，并强烈渴望弥补。我向他们推荐了家庭教育相关书籍和网站资源，鼓励他们学习科学育儿知识。同时，我强烈建议双方增加对孩子的有效陪伴，并共同带孩子寻求专业心理咨询，帮助孩子打开心结。

一段时间后，小林父母反馈他们积极采纳建议，努力改善亲子关系，关系确有缓和。然而小林返校的意愿依然薄弱，表现出对学校情境的回避行为。每当父母提及上学话题，小林便极度反感，甚至以“再提就不去做心理咨询”相威胁。父母担心破坏来之不易的缓和局面，只能暗自焦急。这表明小林内心对学校的负面情绪联结仍未解除。

我持续思考破局之道，需要一种能打破其舒适区、促使其进行现实检验的方法。偶然间看到的一则视频启发了我：一位智慧的母亲让孩子亲身体验成人世界的艰辛，使其明白“岁月静好”背后是父母的负重前行。小林只知以“不上学”要挟父母，缺乏对现实生活成本的认知，不懂即便在家无所事事也需经济支撑，长此以往，惰性强化，他只会愈发沉溺安逸，畏惧学习之苦。

儿童心理学家皮亚杰指出，儿童的道德发展是从他律走向自律、从客观责任转向主观责任的过程。在此过程中，孩子往往需要搭建支架和提供适度的挑战，作为外力助推。

我将视频转发给小林父亲，并提出建议：既然小林在家，不妨让他体验一周（或更长时间）的“成人生活”（现实生活模拟），或许能带来认知上的触动。我们细致商讨了方案并付诸实施：白天，小林跟随父亲外出跑业务，处理琐事（职业体验）；晚上回家，父子均分所有家务（做饭、洗碗、洗衣、打扫）。额外承担家务者可获报酬（正强化），反之需支付费用。最初两三天，小林对“日结工资”感到新鲜满足。然而一周将尽，当父亲要求他按比例分担房贷、油费、赡养费、水电费及日常开销时（引入现实生活成本概念），小林愣住了：

“我还是小孩，为什么要分担?”父亲郑重回答：“过成年人的生活，就要遵守成年人的规则!”结算完毕，小林不仅分文不剩，还倒欠父亲2元钱。他盯着账单，恼怒地摔门而出。第二周，小林要求“涨薪”。父亲表示需考虑，并向我求助。我建议：“老板只会为真正有水平、有能力的员工加薪。”(强调能力与报酬的匹配，引导其思考自我提升的价值)。未等第二周结束，小林便宣告“罢工”，直呼“当大人太累，还是做小孩好”(体验到现实压力，产生退缩)。父亲抓住这个教育时机，分享了当年从东北老家初到山东打拼的艰辛：无钱租房辗转借宿、心仪之物无力购买、羞于向父母伸手……并感叹，若学生时代更努力，境遇会好很多。这些小林从未听过的往事，让他第一次意识到父亲光鲜背后的辛酸。父子间的距离悄然拉近。经过几天的内心挣扎，小林主动提出了返校上学的请求！这无疑是一个关键的行为转折点和内在动机萌芽的积极信号！

如今，小林的父母深刻认识到有效沟通与陪伴的重要性，努力创造更多高质量的亲子互动。为了更好地提供稳定的照料环境，奶奶也从老家赶来。未来或许仍有反复，但相信在持续的家校支持和关注下，小林正在逐步重建心理安全感和对未来的希望。

四、经验与思考

有时教育成效不彰，症结常在于孩子的原生家庭或家庭教育本身。像小林这样的孩子，父母离异带来的分离创伤，可能需要长期的心理支持和积极体验来修复。童面对这类受困于家庭阴霾的学生时，作为小学班主任，我们需要：

(1) 倾注关爱，温暖心灵：倾注无条件积极关注，提供稳定的情感支持，温暖其孤独的心灵，弥补其缺失的安全感，成为他在学校可以信赖的“重要他人”。

(2) 赋能家庭，改善关系：投入时间和精力，指导家长掌握科学的家庭教育方法，修复和促进亲子关系。

(3) 协同面对，不责不怨：当问题出现时，与家长结成同盟，共同寻找解决方案，而非指责抱怨。

(4) 帮助接纳，重建信心：引导孩子接纳现实，适应变化，逐步重建对生活和学习的信心，最终回归正轨。

小林的故事深刻印证：唯有家校紧密携手，用理解奠基，用智慧导航，用持久而坚定的爱去灌溉，才能穿透阴霾，唤醒其内在生长的力量，帮助他们重新找到面向阳光、勇敢前行的勇气和信心。这，正是教育最深沉的力量。

治班方略

适当放手　自我管理

谷艳梅

一、育人理念

《中小学德育工作指南》中指出：小学低年级的德育目标是“养成基本的文明行为习惯，形成自信向上、诚实勇敢、有责任心等良好品质”；小学中高年级的德育目标是“养成良好生活和行为习惯，具备保护生态环境的意识，形成诚实守信、友爱宽容、自尊自律、乐观向上等良好品质”。所以，我的带班育人理念就是适当放手，让每个孩子都有当小班干部的体验，从而达到自律、自我管理，使每个孩子都能绽放生命精彩、成就幸福人生。

二、班情分析

我们班共49名同学，其中男生25人，女生24人。通过小学低学段的学习和习惯培养，学生们大多养成了良好的学习习惯，同学之间相处得很融洽。班级常规养成好，班风正，学风浓，班级凝聚力较强。但也有部分同学自觉性较差。个别同学虽然存在一些问题，但我们班家长都非常配合学校工作，家长对学校、班主任工作都非常支持，家校沟通顺畅、融洽。

三、班级发展目标

我希望我的班级是一个民主、团结、自律、奋进的班级，是一个爱而不溺、严而不苛、管而不死、活而不乱、动而有序的班级。

近期发展目标：抓好班级常规，做班级主人——增强自律性。

中期发展目标：争创先进班级，做学校表率——激发内驱力。

远期发展目标：做最好的自己，创幸福班级——塑造成就感。

四、实践做法

在多次实践中，我摸索到了一些班主任带班育人的做法，接下来我就从以下两方面谈一谈。

（一）培养兴趣，捆绑进步

我从学生的学习兴趣和习惯上入手，培养孩子们良好的思维品质，同时，考虑到个别差距，根据学生的不同情况进行分层管理，让每一个学生都能“跳一跳摘到自己的苹果”。班级里小组按照“组间同质，组内异质”排座位，组内分工明确，每个合作小组搭配学习能力强的小组长担任1号，带领学习能力弱的4号，工作能力稍强的2号带领稍弱的3号。制定“一帮一”捆绑式进步班规，每一组同桌中的优生负责一位后进生的纠错和讲解等各项学习任务，后进生进步，“小老师”一起奖励，共同进步。让课堂内和课外的学习联系起来，从而让优生更优，学困生有人帮、不掉队，让学习由“被动、乏味”变为“主动、有趣”，孩子们真正爱上了学习，提高了学习效率。实践证明这一方法是行之有效的。之前我所带的毕业班在这种方法的激励下，毕业会考中成绩优秀，原先放弃学习、成绩不及格的学生在短短两个多月的捆绑式进步激励下，成绩进步很大。我们班的优秀生在胶州市才艺展示中名列前茅。

（二）自我管理，环环联动

作为班主任，在班级管理中，我尝试践行“自我管理”理念。全班同学按照“组间同质，组内异质”的原则分为10个小组，从学习、卫生、纪律、两操等方面让每个成员自己选择一项任务，通过期初培训，让其担负起自己的职责，最后小组的负责人统一由各自相关的班干部来监管。如此一来，一环环都联动起来，每个人都有事可做，每件事都有人管，管理不再是某几个班干部的事，而是属于每个班级成员。班级的每一个成员都是班干部，他们都有属于自己的分管内容，从而实现“自我管理”。整个班级的班风、个人的学风都积极向上，班级多次被评为星级班级，学生各方面都得到了锻炼。

（三）身正为范，严爱有度

学高为师，身正为范。作为教师，我深知自己的一言一行都被学生高度放大，因此，对自己严要求、高标准，处处以师德规范要求自己，努力做学生的良师益友是我一贯坚持的行为目标。生活中，严于律己；和同事关系融洽，亲如家人；对待学生严爱有度，该严的时候近似苛刻，毫不姑息。班里有几个调皮的孩子，无论哪个任课老师来上课都很头疼，搅得课堂像沸腾的开水。我接班后，了解了情况，深知这样对孩子今后的学习害处太大了，于是查阅相关参考资料，和家长沟通，为这几个孩子制定整改措施，说一不二。开学短短一个月的时间，任课老师纷纷“发来贺电”，课堂纪律和日常各项活动，这几个孩子进步太大了！该爱的时候，毫不吝啬自己的爱。新学期，班里刚转来一名新同学，各方面都没适应新环境，我安排他和班里最温暖的同学坐同桌，帮助他适应新环境；看见别的同学都穿统一的校服，只有这个孩子孤零零地不一样，第二天我就把儿子的校服找出来让孩子换上，孩子高兴地迅速融入了班级大家庭，成绩也从不及格飙升到了优秀等级。

五、特色和成效

“教师是良心活”，我坚持“从良心出发，为孩子的终身学习做铺垫”，以更大的努力去迎接新的明天，用奉献的心书写属于孩子们的精彩！“教育的本身就意味着一棵树摇动另一棵树，一朵云推动另一朵云，一个灵魂唤醒另一个灵魂。”班主任就是孩子在无枝可依时那一棵可依靠的树，是孩子在黑暗中看到的那一朵云，是孩子灵魂的唤醒师。

班级特色：

(1) 人人都是班级小主人，人人都参与到班级管理中，形成平等、民主、团结的良好班风班貌。

(2) 通过开展丰富多彩的活动,让每一个学生都找准自己的位置,得到成长,成为积极向上的独特个体。

(3) 促进孩子们养成各种好习惯,联动学生、家长及社会资源,确保管理成效。

取得的成效:班内学生团队意识足,规则意识强,正能量满满。

启智润心　合作育人

韩海清

一、育人理念

党的十八大以来，习近平总书记从培养社会主义建设者和接班人的高度，提出德智体美劳全面发展的“五育”并举、“五育”融通育人方针。从国家到地方，各教育主管部门都在努力践行这一教育理念。为了创设走向生活、走向社会的教育，培养学生适应终身发展和社会需要的必备品格和关键能力，我依托学校合作育人的教育优势，努力打造“启智润心，合作育人”的带班育人方略。

二、班情分析

我所带的班级是六年级一班，小学六年级是孩子发展中一个十分关键的时期。在这个时期，学生开始从相对的儿童心理品质特征向少年品质特征转化，其间他们的发展是复杂的、充满矛盾的。在个性方面出现的最主要特点就是“成人感”的发展，他们对待事情有着自己的看法和观点，具有判断是非的能力，知道什么该做、什么不该做，但受年龄限制，做事又有片面性，因此具有较大的可塑性。这就要求我们积极引导学生个体的自我意识朝着客观、乐观、进取的方向发展，为顺利完成中小学衔接做好铺垫。

三、班级发展目标

班级发展坚持德育为首位，以日常行为规范为准绳，以多元化的新教育理念为中心，大力培养学生的创新精神和实践能力，力争班级各方面的工作有新的突破点。培养学生热爱班集体、有集体荣誉感，形成良好班风。在知识获取上，带领全体学生团结进取，刻苦学习，掌握好的学习方法，形成良好的学习氛围。让学生的童年充实、欢乐，拥有才智，努力创立勤学、善思、合作、进取的学风和班风，真正成为中低年级同学的典范。

四、实践做法

（一）启智润心，立品为先

1. 班级文化助立品

让墙壁“说话”，让每一寸墙壁都投射育人功能，是我班班级文化的一大特色。“五育并举”引领学生争做诚信、有爱、负责的常小人，独立、善辩、智慧的常小人，活力、向上、健康的常小人，知美、懂美、爱美的常小人，心灵、手巧、自立的常小人。班级文化展牌上的“创造奇迹，超越自我”会不定时让同学们眼前一亮，因为这里有同学们不同领域的各种创作，每次更换展板的时候，作品上墙的同学在很长的时间内都会充满自豪与骄傲！富强、民主、文明、和谐，自由、平等、公正、法治，爱国、敬业、诚信、友善社会主义核心价值观，同学们已经牢记在心；“最美丽的绿叶”倡导孩子们绿色、阳光的思维方式，在班里，人人都懂得用嘴角去微笑，知道用小手去帮忙，学会用耳朵去聆听、用心灵去理解；在和谐的氛围中，孩子们争做“最美常小人”：微笑待人、主动打招呼、说了就要做到、干干净净迎接每一天。学生每天浸润在这种氛围中，思想在不知不觉间得到了升华。

2. 巧设活动推立品

在带班过程中，依托学校少先队举行的各种活动，我也在班级开展丰富多彩的育人活动，提高教育的感染力和吸引力。开展“新时代好少年”“最美常小人”“雏鹰争章”等系列教育、评选活动，对学生进行爱国主义教育、国情教育、民族团结教育、法治教育、诚信教育、文明礼仪教育等，使学生做到读书立品、开笔明智。

“最美五月天”活动，让孩子们在母亲节来临之前通过抽签的方式领取母亲节任务，孩子们悄悄地准备，送给妈妈最走心的礼物。孩子们体会到了自己的小小之举却能给妈妈最大的满足，他们学会了感恩、学会了付出。

3. 跳格争章巩立品

班级管理中，多把尺子衡量的多元评价机制，“点赞章”“特色章”“星星章”“月亮章”“太阳章”“合作好少年”六级标准管理，是班级管理与合作育人的有效手段。具体操作中建立奖章兑换台账，两个小小负责人及时将全体同学获奖章及兑换情况记录好，每周一下午课外活动时间再到大队部兑换，班级设立总账，对每一个学生获奖章情况予以记录。六级奖章管理，促进学生每天进步一点点，一步一个台阶，让他们感受成长的力量、生活的信心，与时俱进，成为会学习、敢担当、勇争先的新时代合作好少年。

（二）学会生存，自强自立

1. 班级事务“我负责”

为了调动每个孩子的积极性，使每个孩子都做班级的小主人，我班一直践行着“人人有事干，事事有人管”的班级自我管理制度。利用好班级岗，让“各司其职，各负其责”落到实处。在卫生上我们采取“区域负责”的值日制度：教室里，孩子们每个人都有自己负责的卫生范围，每天准时清扫自己负责的区域，大家秩序井然、有条不紊，教室每天都干干净净、光可鉴人。黑板、讲桌、窗台、植物角、流动书屋、作业台采用“认领制”，孩子们在负责自己卫生区域的前提下，有时间和精力的可以再认领一项任务，负责人每周更换一次，教室的角角落落一直井然有序、温馨怡人。孩子们在完成任务的同时，增强了主人翁意识，增强了班级自豪感。

2. 家校联动练技能

作为班主任，我带领孩子们积极落实学校“生活存折”的实施，鼓励孩子们学习劳动技能。在班级里经常开展“我是劳动小能手”活动，积极引导学生参与家务劳动和社会公益劳动。五一劳动节、国庆节、寒暑假都有劳动技能大比武，孩子们在家里打扫卫生、炒菜、包饺子，在劳动中既获得了快乐，也树立了劳动光荣的正确观念，培养了热爱劳动的习惯，提高了自理能力。

3. 实践活动乐趣多

除了学校组织到研学实践教育基地参观学习之外，在班级中，我提倡家委会成员经常组织小范围研学活动。周末，他们的足迹遍及孔子六艺园、高凤翰纪念馆、大沽河博物馆，孩子们在活动中感受胶州的渊源历史、人文风情，树立爱护自然、保护生态的意识，提高生态文明素养，践行绿色生活方式，逐渐形成低碳环保、文明健康的生活习惯。

（三）高质读书，全面育人

1. 流动书屋润童心

根据孩子的年龄特点和阅读基础，我给孩子们买了几套不重样的《儿童文学》，每套45本，分别编上号，第一次1号同学读1号书，第二次1号同学读2号书……以此类推，半年读完一套书，随着年级的升高，书的内容有所改变。孩子们一起读书，经常讨论书的内容，文学知识得到积累的同时，思想也得到了升华，班级管理更加得心应手。

2. 班级文化显合作

我们的班级约定是：“点头问好、楼内不跑、书本放正、听讲坐好”“轻声教室、安静走廊、有序课堂、文明校园”。在平日的学习生活中，孩子们认真履行班级约定，积极争当小能手。在这样一个有爱的大家庭里，孩子们的梦想在起飞、理想在启航，他们为自己是这个班集体中的一员而无比自豪。

3. 多彩活动共育人

借助合作小组跳格评价表，我在班级内实行立体量化管理。它包含的内容可多啦，比如在学习、作业、纪律、卫生、日常表现等方面，都进行跳格量化。当跳到最高一格时，孩子们就会获得一枚点赞章。大家都想跳得高，成为优秀合作小组，所以他们还会互帮互助，当小组中有同学在某一方面落后时，其他 3 个人会一起帮助他。跳格评价展示了孩子们小组合作的力量，让他们从小就明白合作才会有更大的进步，帮助他们牢固树立起合作意识。

触动心灵的教育才是成功的教育，润心意味着教师要以人为本，滋养学生的心灵空间。在带班育人的道路上，我一直在探索着、摸索着，为学生的奋力奔跑而助力。

让智慧之花在班级管理中绽放

赵淑娟

一、育人理念

《中小学德育工作指南实施手册》中提出的德育目标是培养学生成为具有社会主义核心价值观的公民，具备良好的道德品质、心理素质和行为习惯。德育途径包括课堂教育、课外活动、社会实践、家庭教育等，各种途径应该互相配合形成德育工作的合力。德育评价是德育工作中非常重要的一环。评价应该以学生为中心，注重过程与结果，采用多种评价方式，如自我评价、同学评价、老师评价等。评价结果应该及时反馈给学生和家长，以便于学生改进和提高。教师在德育工作中起着至关重要的作用。教师应该具备良好的师德师风，注重言传身教，尊重学生，关爱学生，注重培养学生的自主性和创造性。

二、班情分析

我们班共有 48 名同学，其中男生 21 人，女生 27 人。通过小学低中学段的学习，学生们大多养成了良好的学习习惯，同学之间相处得很融洽。班级常规养成好，班风非常正，学风也很浓，班级凝聚力比较强。但部分同学不爱劳动，劳动自觉性较差。个别同学不讲卫生，有时穿着脏校服。虽然存在一些问题，但是我们班家长都非常配合学校工作，家长对学校、班主任工作都非常支持，家校沟通顺畅、融洽。

三、班级发展目标

我希望我的班级是一个自强不息、团结上进、厚德载物的班级，是一个爱而不溺、严而不苛、管而不死、活而不乱、动而有序的班级。

近期发展目标：抓好班级常规，做班级主人——增强凝聚力。

中期发展目标：争创先进班级，做学校表率——激发内驱力。

远期发展目标：做最好的自己，创幸福班级——塑造归属感。

四、实践做法

教师是太阳底下最光辉的职业！转眼间，我也在这份职业上挥洒了多年的青春时光，有惊喜，有无奈，有快乐，也有忧愁。班主任这份工作让我在这些年中不断成长、成熟，让我从初次的手足无措到现在的游刃有余，让我在磨炼中真正体会到教师这份职业的伟大与不易！

班级是学校教育工作的基本单位，班主任是班级的组织者、管理者和引路者。社会和经济的发展需要素质教育，班主任工作是促进学生知识和能力得以提高的重要一环。在这个环节上，我是这样尝试创新的。

（一）练好内功，做智慧人

要做好班级各项工作，必须加强自身建设，班主任自身建设的关键是提高自身的素质，树立班主任的权威。这种权威不同于上级对下级的行政权力，而是由于班主任知识丰富、能力超众、人格高尚而在学生心目中树立起的使人敬服的声誉和威望，它是做好班主任工作的无形资本。班主任，首先是教师，而教师是知识的传播者、智慧的化身，让自己的智慧充分地开发出来，让学生在智慧的管理中成长，这也正是班主任权威产生的前提。如果班主任能够通过自身的智慧和才干在学生心目中树立起这种权威，那么他在工作中就能起到“不令而行”的效果，对学生的教育也会事半功倍！否则，学生是很难同班主任积极合作的，效果也就可想而知了。

（二）各展其长，开发智慧

（1）要使每个学生的天赋都显露出来，形成爱好、能力、志向和才干，就得靠教师的精心训练和实践。利用农村的自然条件，再结合课本的知识，让学生走出课堂，到大自然中去领悟、去观察、去感受；把自己的所想所得在每次的“我说我做”中和大家交流、分享，让班级中的每个孩子都有所得、有所获。这样，学生的口语表达能力和动手实践能力也在潜移默化中迅速提高。

（2）培养合理的兴趣爱好，让学生展现自己的能力，做自己喜欢做的事。我根据学生的特点，组织了小小制作家小组、书画小组、实验小组、我爱音乐（舞蹈）小组、天气广播小组等。利用课余时间自由训练，在班队活动期间、课外活动时间展示自己的才能，然后组织自评、互评、师评。在一次次的锻炼和改进中，我班在学校的各项活动中都脱颖而出、表现出色。

（3）现在独生子女日益增多，自理和劳作能力偏低，于是，我就启发学生参加力所能及的体力劳动。每日的卫生打扫必须做到最好，个人卫生每天上下学都要检查；在家里做家长的好帮手，扫地、擦桌子、擦玻璃、洗碗筷、收拾自己的房间、洗衣服。学生在劳动中获得经验、获得乐趣，老师和家长在劳动中创造和发现学生的闪光点。我班的卫生在全校都是有目共睹的，每次开会都会以我班为典型，让大家向我们学习。学生的信心也日益增强，无论是个人卫生还是班级卫生，都以整齐的面貌向人们展示着新时代小学生的风貌！

（三）关爱学生，激发智慧

班主任工作的对象是学生，他们年纪较小，缺乏自主能力。作为与学生打交道最多的班主任，如果能给学生以爱心，就能创造对学生进行教育的最好条件，就能为一切教育活动扫除障碍、铺平道路。班主任的爱一旦被学生体验到是一种真挚的爱，就会产生深厚的感情来爱戴班主任。在这种感情的交流和师生的互爱中，轻松、和谐、愉悦的教育环境自然就形成了，这样就有利于教师对学生进行思想教育，激发学生的智慧，也有利于提高教学质量。

班主任不但要引导学生参加丰富多彩的、让学生增长才干的活动，还要系统地了解各科素质教育的要求，与任课教师沟通，寻找共同点，在求知、运动、劳动、审美、制作的综合性活动中通力合作，促进学生全面发展。与此同时，教师要善于发现学生闪光的智慧，引导学生正确认识自己、正确评价自己、在教师的关爱中不断勉励自己，不断进取，争取做最好的自己！

（四）创造意识，成就智慧

培养学生的创造意识，让学生具有创造性，是学校教育的重要目标。小学生年幼好奇，对什么都会有自己的憧憬和向往，总能大胆去尝试、追求，还经常表现出欲罢不能的状态。出于对小学生这种心理特点的考虑，为保持孩子的好奇心，班主任可以利用班队活动、节假日等开展丰富多彩的集体活动，在活动中让孩子敢于创造，乐于提出自己的各种见解，让孩子多体验一些帮助别人的快乐，并及时从社区了解到反馈信息，表扬其中的好人好事，挖掘出学生更多的闪光点，使其取得更大的进步。通过这些活动，学生的公民意识、创造意识、主人翁意识、社会责任感增强，他们的组织能力、交往能力也得到很大的发展。

（五）能力培养，绽放智慧

班主任应该尽量营造一个愉悦、优美的班级学习环境，使学生不断得到锻炼和成长，绝不能违背教育规律，制定出死板的班规班纪，把活泼的学生“捆”得死死的，这样不利于学生的发展。如：有的教师常强调不准在校园干什么、在家不准干什么、上课不准干什么……诸如此类的“不准”，就是要学生“两耳不闻窗外事，一心只读圣贤书”。如果课间看见学生下象棋，斥之为贪玩；下课看见学生读课外书，讽刺为不务正业，老师诸如此类的“不准”会严重束缚学生的全面发展，再有潜能的学生也只会“画地为牢”。

五、特色和成效

班级管理在整个教学工作中起着至关重要的作用，开展得好，既可以培养锻炼学生的能力，又能激发学生的学习兴趣、开拓思维。作为一名教育工作者，肩负着教育祖国未来栋梁之重任，我们必须注重班级工作，不断改进教学方法，为培养新世纪人才贡献自己的力量，让祖国的希望之光更加璀璨夺目。

班级特色：

(1) 争创民主机制，人人都是班级小主人，人人都必须参与到班级管理中，形成平等、民主、团结的良好班风班貌。

(2) 关注每一位学生，通过开展丰富多彩的活动，让每一位学生都找准自己的位置，找到适合自己的成长之路，努力成为积极向上的独特个体。

(3) 联动学生、家长及社会资源，共同促进孩子们养成各种好习惯，确保管理成效。

取得的成效：班内学生团队意识足，规则意识强，正能量满满。

人人有事干　事事有人管　人人都监督

徐　蕾

一、育人理念

我们学校教育的核心理念是：自能立德，合作树人。培养具有家国情怀、品学兼优的“六自少年”（生活自理、健康自强、学习自主、做事自信、行为自尊、安全自护）就是我们的育人目标，让孩子们通过合作学习，像大树一样向下扎根、向上生长、向美而生。因此，我觉得班主任的工作更重要的是帮助学生养成良好的习惯，培养优秀的品德和正确的人生观、价值观。

二、班情分析

根据我们班学生的实际情况，男生要比女生多一些，孩子们比较活跃，相对来说自主性要弱一点，但是责任感会更容易培养一些，所以我们班就在实行“人人有事干，事事有人管”的基础上实行了“人人都监督”的班级管理办法。

三、班级发展目标

希望孩子们都能通过合作学习达到生活自理、健康自强、学习自主、做事自信、行为自尊、安全自护。

四、实践做法

首先是人人有事干，事事有人管。一个班集体就是一个大家庭，有特别多、特别琐碎的事情需要孩子们一起去分担，例如清扫卫生、整理橱柜、开关灯、开窗通风、浇花，等等。为了让孩子们以班级为中心形成主人翁意识，我们班发动全体同学，利用大家的智慧去考虑班级到底有哪些事情需要大家去完成，这件事情需要几位同学完成，需要一位还是几位同学共同完成。可以自己考虑，可以同桌讨论，也可以小组合作交流，然后利用班会课的时间让大家把考虑到的所有事务都罗列到黑板上，后面括号里加上所需要的人数。经过思考、讨论、交流，大家写出了所有的内容，我们发现孩子们考虑得真的是很全面，也非常细腻，考虑到很多细节问题。例如孩子们会把教室的3个书橱编号，分开罗列，便于分配工作；会把特殊天气雨具的摆放工作加到水杯衣架整理工作中；会根据事情的难易程度选择不同的人数，而不是千篇一律。孩子们的主人翁意识得以体现的同时，他们考虑问题细致全面的好习惯也在慢慢地养成。班级的事务都已摆在了孩子们的面前，接下来就需要孩子们根据自己的特点、能力、特长、爱好等方面来选择自己本学期所要承担并且要干好的事务。如果出现多名同学竞争同一事务，那我们就通过答辩选择，大家主要可以围绕着“为什么选择这件事情”“怎样做才能更好地去完成这件事情”等这几方面展开自己的陈述，然后让同学们根据他们的陈述举手表决，最终确定谁更合适一些，落选的同学可以继续选择其他的事务，直到每一位同学都有事情需要完成，都能为班级做贡献。这就是我们所说的“人人有事做，事事有人管”。

从列岗到选岗，孩子们都表现出了极大的热情，这种热情极有可能变成增加孩子们更好地完成任务的一种内驱动力。同时通过大家的陈述选岗，孩子们之间可以体现一种公平，还会相互学习到更多的完成班级事务的好办法，为今后更好地服务班级打下基础。

选岗结束后，我们会把大家的岗位张贴到宣传栏的岗位职责表里面。选岗后的几天甚至更长的1～2周的时间里，孩子们都会很积极地去完成，这可能是出于一种热爱，也可能是出于一种新鲜感。可是一段时间后，就会出现懈怠，甚至是懒散，这可能是孩子的一种本能反应，干着干着就不那么有意思了，就不那么愿意去完成了。所以我们说孩子的自律能力、持之以恒的习惯还需要大家的监督，更多的是在监督过程中帮助他们培养自律的能力和持之以恒的习惯。一次，我们在“人人有事做，事事有人管”的基础上加上了“人人都监督”。也就是说岗位选好了，你还需要选择一个职务去检查和监督别人。例如，你可以选择“墙面管理员”，定期抽查教室所有的墙面是否干净，抽查后你有权力给完成好的同学加分，也有权力给不认真擦墙面的同学减分；你可以选择班级文化管理员，你有权力给用心经营班级文化的同学加分，你也可以给存在糊弄心态的同学减分。这些监督职务也是孩子利用班会课拟定好的，加分和扣分的标准也是孩子们通过上学期的经验，反复论证后整理出来的。孩子们为了不出现“徇私枉法”的情况，还考虑到职务少、人数多、不够分的情况，决定一个监督职位由几位同学组成，检查或抽查时共同按照评分标准商议是加分还是减分，以及加减几分的问题。检查后还必须进行反馈，加以改正。

五、特色和成效

加上“人人都监督”之后，孩子们会在同学们的监督下持之以恒地做自己负责的事情，而且在反馈之后还会慢慢地改进，让自己的效率更高一些，在做的基础上增加了做好，在做好的基础上体现了孩子们极强的责任感。

“人人有事做，事事有人管，人人都监督”，看起来是件很简单的事情、是件很小的事情，其实蕴含着大道理。孩子们通过打扫卫生也好，整理书橱、讲桌也好，开关灯也罢，都锻炼了动手能力，达到了劳动的效果，也起到了锻炼身体的效果，培养了孩子们的自理能力。同时，孩子们通过相互学习，慢慢地形成了自主学习的能力、自信的能力，相互理解、相互帮助，那么自尊自爱是不是也在无形中形成了呢？

以爱为名　合作共赢

刘　霞

一、育人理念

教育家陶行知先生有句名言："教育就是培养习惯。优秀不是一种行为，而是一种习惯。"这句话深深影响着我。在多年的班主任工作中，我深刻体会到，小学阶段是习惯养成的黄金期，而爱与合作的土壤，能让好习惯深深扎根。我的带班理念很清晰：以习惯培养为根基，以合作共赢为路径，以真诚师爱为滋养，帮助每个孩子成长为阳光自信、乐于合作、富有担当的少年。

二、班情分析

我带的班级有42名充满活力的孩子，男女各半。这是一个需要用心引导的集体。我们坚持"先成人，再成才"的原则，努力营造民主管理的班级氛围。班级逐渐形成了三个鲜明特点：人人担当——每个孩子都担任小组管理岗位，在收发作业、维持纪律等实实在在的事务中得到锻炼；学风浓厚——依托有效的小组合作机制，班级凝聚力强，学习氛围好，连续多次获得校级“书香班级”等荣誉，家长满意度高；品格奠基——我们特别注重将“勤奋、善良、诚信”的核心品格融入日常，引导孩子们养成受益终身的习惯。

三、班级发展目标

班级的发展目标非常明确：打造一个充满爱与合作的成长共同体。在这里，师生、生生彼此尊重，互相支持，在合作中共同进步，实现真正的“共赢”。具体分三步走。

近期（1 学期）：重在打基础，聚焦课堂纪律、作业规范等行为习惯养成，同时建立小组合作的基本规则，让孩子们初尝合作的乐趣与责任。

中期（1 学年）：深化民主管理，通过组内角色轮换、小组间良性竞争等形式，让合作成为班级文化的核心，形成互助共进的团队氛围。

远期（小学阶段）：引导每个孩子认识自我、发展潜能，在班级中找到强烈的归属感和价值感，深刻领悟“成长离不开合作”的真谛，为未来奠基。

四、实践做法

（一）身教重于言传，做孩子身边的榜样

苏霍姆林斯基提醒我们，教师不仅是知识的传授者，更是学生生活的导师和道德的引路人。我深知，班主任的一言一行都是无声的教育。记得一次布置作业，我强调书写要工整。一个扎着羊角辫的小姑娘立刻仰起脸，认真地问我：“老师，就是像您写在黑板上的那样吗？”她眼神里的信任和模仿的渴望触动了我。后来，她每天认真模仿我的板书，她的作业本真的成了班级范本。这让我更加警醒：要求学生做到的，自己首先要做到。无论是板书的工整、晨读时的专注，还是弯腰捡起一片纸屑的细微动作，都是在孩子们心中播撒文明与习惯的种子。这种以身作则的示范力量，远胜于千言万语。

（二）巧用“小激励”，激活“大合作”，涵养“深习惯”

合作与习惯的培养，离不开有效的激励和鲜活的载体。

（1）“人人有事干，事事有人管”是我们的法宝。采用“组内异质，组间同质”的分组原则，每组 4 名成员，分别担任学习委员、卫生委员、纪律委员、

礼仪委员，角色每周轮换。原本内向的小林同学在担任纪律委员后，竟能主动组织小组讨论：“请三号同学先分享观点，我们轮流补充。”角色的责任让他找到了自信和表达的勇气。这种机制确保了人人参与，90％以上的孩子都能在小组中清晰地表达自己的想法，合作能力得到实实在在的提升。

（2）“印章与多肉：看得见的成长足迹”是我们持续激励的妙招。我们设计了“七彩智慧星”印章奖励系统：课堂积极发言、作业优秀、遵守纪律等，都能随时获得印章。集齐10枚印章，就能在班级的“跳格成长平台”上升一格头像。当头像升至顶端（获得太阳标志），或者所在小组被评为“优秀合作小组”，孩子们会收到一份特别的奖励——一盆萌萌的小多肉植物。这份奖励意义非凡。孩子们像呵护宝贝一样照料它，浇水、晒太阳、观察记录。小宇同学在生日那天，捧着他养护了半年的“熊童子”兴奋地对我说：“老师，它长出新叶片了，就像我学会了做应用题一样！”家长反馈，孩子为了照顾好多肉，养成了每天观察记录的习惯。小小的植物，成了习惯养成和生命教育的生动课堂，实现了“植物生长”与“习惯养成”的奇妙共鸣。

（3）“星级小老师：从倾听者到引领者”是我们培养表达与合作能力的创举。针对低年级关键期，我们设立了“星级小老师”荣誉。要获此称号，必须做到“会倾听、敢发言、能讲解、做榜样”。这不仅是荣誉，更是责任。“小老师”需要主动帮助小组内有困难的同学。上学期数学单元复习时，“小老师”彤彤带领小组用思维导图梳理知识，连平时沉默的小凯都举着图兴奋地讲解起来。这种“小老师带学”效果显著，班级数学平均分提升了12分。更重要的是，孩子们真切体会到：真正的合作是互相照亮，把自己的光和热分享给伙伴。

（4）“随机奖励：让温暖不期而遇”是我们班级的魔法。除了系统奖励，我们更珍视那些充满温度的“小惊喜”。心灵手巧的崔老师捏的彩泥小猪佩奇，是孩子们眼中的“艺术品”；一本盖着鲜红“大奖章”的练习本，承载着沉甸甸的肯定；用班级获得的“星级班级”奖金购买的巧克力豆，甜在嘴里更暖在心里。最难忘的是小林同学，他把仅有的两颗巧克力豆带回家，分了一颗给妈妈。他妈妈在家长群里动情地写道：“孩子说这是班级的荣耀，一定要和家人分享。”这些看似微小的瞬间，像温暖的丝线，编织起班级的集体记忆，也让合作、分享与感恩的精神，从教室流淌到家庭。

（三）以爱为桥，共建温暖的班级“家”

魏书生老师说：“班级就是一个大家庭。”要让42颗心紧紧相连，爱是最好的黏合剂。我坚持每天留出“10分钟专属时光”，用心连接每一个孩子：给进步的孩子悄悄塞一封手写表扬信；对内向的孩子说一句“今天你举手的样子真勇敢！”；在和值日生一起擦黑板时，聊聊他们喜欢的动画片……这些点滴互动，日积月累，产生了奇妙的化学反应。班级里爱的氛围日益浓厚：当小宇忘带文具时，同桌会默默递过自己的铅笔；运动会上，小雅扭伤了脚，三个小伙伴二话不说轮流把她背到了终点。当每个孩子都在这个集体中感受到被看见、被接纳、被关爱时，他们自然就学会了释放善意，主动成为温暖他人、支持伙伴的光。这份源于爱的安全感与归属感，正是深度合作最肥沃的土壤。

五、特色和成效

几年的用心耕耘，我们班级形成了鲜明特色，也结出了丰硕果实。

（一）特色鲜明

（1）情感驱动的深度合作：我们班的合作，超越了任务分工，是以“爱”与“归属感”为核心的情感联结。95%的学生表示非常喜欢和小组同学一起学习。合作已成为孩子们内心的需求和班级的文化基因。

（2）可视化成长激励：“跳格平台”的升级、“多肉”的成长记录、“星级小老师”的评选，让个人的进步、小组的成果、集体的荣誉清晰可见，形成了“个人努力—小组积分—集体荣誉—更大动力”的良性循环。

（二）成效显著

（1）班风过硬：班级连续6学期荣获校级“星级班级”。家长满意度调查中，“合作能力培养”项获得高度认可。

（2）学业扎实：各科平均分持续领先年级均值，在市级“习惯养成”评比中荣获一等奖，扎实的习惯基础功不可没。

（3）个性绽放：尤为欣喜的是，多名曾内向、胆怯的学生，在合作氛围和岗位锻炼中成长为小组骨干，变得自信开朗。班级自编自导的合作主题情景剧《我们的课桌》，荣获市级展演金奖，这是孩子们合作精神与创造力的生动写照。

回望带班之路，教育于我，是一场师生携手、向光而行的温暖旅程。看到孩子们围在一起讨论多肉养护，听到小组汇报时此起彼伏的"我补充……""我赞同……"，内心总是充满力量。我深信，以爱为名的真诚陪伴，以合作共赢构筑的成长生态，如同阳光雨露，正默默滋养着42棵幼苗，终有一天，他们都将茁壮成长，绽放出各自独特而耀眼的光芒。

立德树人　以心润心

王玉香

一、育人理念

从事教育工作23年来，我与班主任工作结下了不解之缘，本着热爱教育的初心，在16年的班级管理实践中，我逐渐探索出“立德树人　以心润心”的育人理念。我深知每一个孩子都是一粒神奇的种子，只要我们用心呵护、用心浇灌，他们一定会在某一个时刻绽放自己最美丽的花朵。

二、班情分析

我们班共46名同学，其中男生22人，女生24人。男女生比例均衡，班风正气，学习氛围浓厚，孩子们热爱劳动，集体荣誉感较强。但因为学生来自不同的家庭，受到的家庭教育不同，所以他们的学习习惯也不相同，有的同学自律能力很强，有的同学自我约束能力比较差，部分同学的行为习惯、自主管理能力还需要继续培养。

三、班级发展目标

挖掘每一个学生的潜力，发现每一个学生的优点，为他们搭建平台，让孩子们在学习的过程中学会努力拼搏、团结协作、勇敢乐观，让每个人做更好的自己！

四、实践做法

（一）树立良好的班级风气

1. 德育为首

我们都知道，良好的班级风气有助于学生健康地成长。因此，接手新班后，我会给学生灌输一个理念“先做人，再做学问”，要做一个善良、真诚、乐观、积极、有爱心、有责任担当的人，做人没问题了，才可以好好学习知识。对于学校、老师、课堂，学生要心存敬畏之心！敬畏学校，敬畏老师，敬畏课堂！思想道德教育是落实立德树人根本任务的关键，将立德树人放在首要位置，融入班级建设，实现全过程育人、全方位育人。借助每周一的班会课和一切可以利用的时间，结合学校和班级情况，进行思想教育。

2. 无规矩不成方圆

开学一段时间后，我们会一起制定班规，对同学们进行约束管理。班规制定好后，以个人积分、小组合作的形式呈现。我们每周根据个人积分，算出小组积分，然后进行奖励。奖励的形式多样，如：免作业、小零食、跳绳、钢笔，甚至是我自己煮的茶叶蛋……当然，这只是一种手段，最重要的是精神方面的奖励，我们要让孩子体验到成就感，学习积极性自然就高涨！

3. 遵循教育规律

《学记》中有这样一段话，“大学之法：禁于未发之谓豫；当其可之谓时；不陵节而施之谓孙；相观而善之谓摩。此四者，教之所由兴也”。

翻译过来就是，大学施教的方法有：在学生发生错误之前就加以防止，叫作预防；在适当的时候加以教育，叫作及时；不超越受教育者的才能和年龄特征而进行教育，叫作合乎顺序；互相取长补短，叫作观摩。以上四点，是教学成功的经验。

我们在班主任工作中，要时刻牢记这个教育原则，这样我们才会将工作做到细致入微，防患于未然。我曾经遇到这样一件事情。

我班一个孩子小涵，父母离异，她跟母亲生活。有一天下大雨，她妈妈给我发短信说今天有事，孩子不去学校了。我心想，今天下大雨，能有什么事呢？于是我给她打电话过去，问了问才知道孩子在家不听话，她妈妈不让她去学校了。我说："这样吧，我一会儿过去家访一趟。"去之后我才知道，原来小涵和她妈妈的男朋友发生了冲突，自己在家自残，写血书，跟妈妈说不想活了，想跳楼，她妈妈在气头上说："跳楼不要在自己家跳，咱们家是一楼，跳的话去高楼层上跳。"那一刻我知道为什么这孩子学习不好，在这样的家庭中长大的孩子，内心是多么无助啊。我在她家分别和小涵以及她的妈妈聊了聊，做了做工作，然后把她领去了学校。她没吃早饭，我又领她去吃了早餐。当然，后续我又做了一些别的工作，找她妈妈聊天，做孩子的思想工作，带孩子去做沙盘等，而且我明确地告诉她，无论发生什么事，王老师永远站在她这边，永远是她的后盾。后来孩子再没有发生别的事情，而且每天开心地来上学。我无法想象，如果那天我没有去这个孩子家家访，会是什么样的一种结果。对于自己的工作，我始终告诫自己，要怀有敬畏之心。

4. 分享

我经常会跟孩子们分享我在生活中的有趣见闻。比如，秋天公园里的木瓜熟了，落在了地上，熟透的木瓜散发出香气。孩子们接着就告诉我说，那是"咕咚来了"。比如，冬天我在小河边听到了冰裂的声音，我也会告诉他们，我们一起赞叹大自然的神奇。比如，我看过的书、我对一些事件的感想以及我和我以前的学生之间发生的有趣的事，我都会和他们分享。之所以和他们分享，主要是想让他们全方位地了解我、喜欢我，因为"亲其师，信其道"。

（二）多途径培养学生的学习习惯

1. 课堂上做到"五会"——会坐，会听，会说，会写，会合作

课堂上我要求学生端身正坐，全神贯注地听，说完整的话，认真书写。合作是我们学校的文化，每个孩子都要学会合作。时间久了，孩子们都能按照我的要求做到这"五会"。

2. 书包的整理，桌洞内书的摆放

好的学习习惯体现在细节上，我要求孩子们学会整理自己的书包，书包内的书按科目有序摆放。我经常会亲自检查、不定时抽查，或让同桌互查，以督促孩子们养成良好的习惯。桌洞内书的摆放也要有序，学生每天早上来到教室后，根据课程表，先把上午需要用到的课本、练习本按顺序摆放到桌洞里，然后把书包拉链拉上，挂到挂钩上。上午上完课后，把学习用品在书包里归位，再拿出下午需要用的物品。这样显得整洁、有条理。

（三）发挥家校共育的作用

家庭教育是学生成长中最重要的部分，因此，作为班主任，必须让家庭教育和学校教育携手合作，才能助力孩子更好地成长。班级微信群和家长会是家校沟通的重要方式，微信群里除了发必要的通知之外，我会经常发一些家庭教育小知识、育人小方略、好的学习方法，比如如何提高专注力、如何有效地亲子沟通等。我也会发孩子们在校的照片视频等，除了让家长了解孩子们在校的动态、增加对孩子的理解外，也让他们知道，作为家长，需要不断提高自己。每次家长会我都精心准备，力争让每位家长都有触动、有收获，家长们对我们的工作认可，孩子们自然更加懂事努力，我们的班集体自然越来越有凝聚力！

五、特色和成效

班级特色：

(1) 学生参与班规制定，每个人都是班级的管理者，孩子们有归属感，对于自己的学习习惯和行为习惯有了更高的要求，无形中班级风貌有了更大的改变！

(2) 以心润心，学生能感受到老师潜移默化对他们的爱，孩子们的自律性更高。

取得的成效：孩子们在良好班级风气的熏陶下，努力拼搏、团结协作、勇敢乐观，人人都努力做更好的自己，整个班级呈现一片蒸蒸日上的景象！

好习惯养成“3+1”

李 娟

一、育人理念

《中小学德育工作指南》中指出，小学低年级的德育目标有“养成基本的文明行为习惯，形成自信向上、诚实勇敢、有责任心等良好品质”；小学中高年级的德育目标有“养成良好生活和行为习惯，具备保护生态环境的意识，形成诚实守信、友爱宽容、自尊自律、乐观向上等良好品质”。所以，我的带班育人理念就是帮助每个孩子养成好习惯，培养学生良好的品行，让每个生命都绽放精彩，成就幸福人生。

二、班情分析

我们班共30名同学，其中男生14人，女生16人。通过小学低学段的学习，学生们大多养成了良好的学习习惯，同学之间相处得很融洽。班级常规养成好，班风正、学风浓，班级凝聚力较强。但部分同学不爱劳动、劳动自觉性较差，个别同学不讲卫生。虽然存在一些问题，但我们班家长都非常配合学校工作，家长对学校、班主任工作都非常支持，家校沟通顺畅、融洽。

三、班级发展目标

我希望我的班级是一个民主、团结、奋进的班级，是一个爱而不溺、严而不苛、管而不死、活而不乱、动而有序的班级。

近期发展目标：抓好班级常规，做班级主人——增强凝聚力。

中期发展目标：争创先进班级，做学校表率——激发内驱力。

远期发展目标：做最好的自己，创幸福班级——塑造归属感。

四、实践做法

在多次实践中，我摸索到了一些班主任带班育人的做法，接下来我就从以下两方面谈一谈。

（一）好习惯养成三步曲

1. 无声管理——此时无声胜有声

无声管理主要是手势管理。平时我使用最多的手势就是做"OK"的手势，这是要求学生零级音量，否则增加三项小作业，表现出色的话奖励三个小故事。如果我平抬双手，学生就需要起立；如果我的手从一侧伸出，学生就需要站单队往外走；如果我的手从两侧伸出，学生就需要站两队往外走。

2. 责任分工——万紫千红总是春

我们学校近年来一直提倡班级管理中要实行"班级岗位责任制"，即人人有岗位、人人有职责、人人愿出力。每次在放假开学之前，我都会把班级需要设置的岗位一览表和学生的双向选择一览表发在班级群中，要求学生和家长一起根据自己的特点选择适合自己的岗位。如果认为老师设置的岗位可以再增加，或者说有些岗位不需要了可以减少，那么家长就和老师一起来修改。每一位同学都要有自己的岗位。如果某个岗位有多个人选择，那就通过投票表决；如果某个岗位只有一个人选择，那么这个人就当选这个岗位，落选的同学可以再重新选择其他的岗位；如果有的同学能力比较弱一些，就给他配上一个小助手。在一段时间以内，岗位是不变的，要让每位同学都负起责任来。

每位同学都要参与班级管理,为班级作贡献;禁止越权管理,不认同的事情由督查员上报班主任裁决;禁止以打闹、吵架等方式解决问题,有事情马上告诉班主任;不喜欢的事情,轮流做;太喜欢的事情,也要轮流做。

3. 争五育卡——吹尽狂沙始到金

人人争做"五好少年",从德、智、体、美、劳五方面考虑,谁哪方面做得好就能得到对应的五育卡,攒够五张相同的卡片,就可以换一张更高级的五育卡片贴到墙上的大头照片下面。学期末,集齐五种贴上墙的五育卡片的同学,就是"五好少年",教师给他们颁发奖状和奖品。

(二)好习惯养成的要求

好习惯的养成不是一蹴而就的,要时时刻刻关注,持之以恒,润物无声。在平日的班级管理中,我给孩子们提出了明确的要求,对班级纪律的管理帮助很大,具体如下。

(1) 放学临走前请做好以下几件事:将桌面收拾干净,不留任何物品;清理好桌洞,不留垃圾;凳子推入课桌下,把课桌摆放整齐;低头检查座位周边,如有垃圾纸屑,请捡起带走。

(2) 以下行为将会让你得到表扬,也会给你的形象增值,你能体会到这样做给你带来的愉悦感:随手捡起教室地面、班级卫生区里及校园里的小垃圾,无论是不是你的责任区;友善地对待同学,热情地帮助他人;遇见客人,主动问好。

(3) 以下行为将严重损害你在同学和老师心中的形象并且让你被鄙视,希望你自觉远离或抵制:在公共场合大声喧哗、讲粗话脏话;谈论格调低俗的内容;随手乱扔垃圾。

(4) 以下行为是被严格禁止的,如果发生,你将会在第一时间受到严厉处罚,请务必不要碰这些"高压线":任何侮辱老师的言行(如果你觉得老师对你不公或有其他原因,可以课后找班主任说明情况,寻求帮助);打架斗殴、欺负同学;考试作弊。

五、特色和成效

德国哲学家雅思贝尔斯说:"教育的本身就意味着一棵树摇动另一棵

树，一朵云推动另一朵云，一个灵魂唤醒另一个灵魂。”班主任就是学生在无枝可依时，那一棵可依靠的树；是在黑暗中看到的那朵云，是灵魂的唤醒师。

班级特色：

(1) 争创民主机制，人人都是班级小主人，人人都必须参与到班级管理中，形成平等、民主、团结的良好班风班貌。

(2) 关注每一位学生，通过开展丰富多彩的活动，让每一位学生都找准自己的位置，找到适合自己成长的路，努力成为积极向上的独特个体。

(3) 联动学生、家长及社会资源，共同促进孩子们养成各种好习惯，确保管理成效。

取得的成效：班内学生团队意识足，规则意识强，正能量满满。

向阳而生　沐光而行

王广莉

雨果曾说:“花的事业是尊贵的,果实的事业是甜美的,让我们做叶的事业吧,因为叶的事业是平凡而谦逊的。”有人认为班主任是世界上最小的主任,却做着最大的工程,从事着最细、最复杂、最艰苦的工作。而我认为,班主任是维系千家万户的中流砥柱。在教育这条路上,最有价值的东西从来都是看不见的,那就是为师者对教育的那股强大信念:用爱带着学生去感悟生活,发掘自我,与学生共同成长,让他们站在自己的肩膀上去发现世界,去体验花期开放的喜悦。

一、育人理念

孔子有言:“志于道,据于德,依于仁,游于艺”。短短 12 个字,是孔子一生的教育、学术思想的总结,也是他利人利己的真实写照。他的这句话,给我的班主任工作带来了很大的启发。学校作为教育的主阵地,肩负着培育国家接班人的重任;班级是具体实施自我教育,充分发挥育人功能,培养全面发展的建设者和接班人的重要场所。在班级管理中,我坚持文化引领,聚焦多元活动，构建学生发展共同体，引领学生在丰富多彩的活动中全面发展。

我始终坚持以德育人、以文化人的育人理念，以高远志向激励学生，以美好德行影响学生，以仁爱之心关爱学生，以高雅志趣滋养学生。在平凡、普通、细微的班级管理中，尊重、关注、帮助每一个生命个体，使每个学生都成长为最好的自己。

二、育人目标

叶圣陶先生曾说："教"是为了"不教"。其实对班级管理而言，"管"更是为了"不管"。作为班主任，更应该主动围绕育人这一理念进行班级管理工作，当好班级的掌灯人。

（一）亦师亦友，可攻可守

小学阶段，孩子的向师性很强，特别是班主任的一举一动都会直接影响学生的思想行为。为了了解孩子们的爱好，我会在课间与孩子们一起游戏，交流他们喜欢的动画片剧情；哼他们喜欢的歌，随手拍照记录和他们在一起的日常……自然而然，我就收获了坚实的"群众基础"，这无形中就会为班主任工作的开展铺平了道路。

（二）与其暴风骤雨，不如和声细语

爱一个聪明可爱的孩子太过容易，能够爱后进生才是对老师最大的挑战。我们本能地把微笑与善意给了优等生，将中等生置于无人问津的角落，又把严肃与紧锁的眉头留给后进生。令人抓狂的瞬间千千万，与其劈头盖脸地一通乱骂，不如收拾心情，丢掉愤怒，给孩子宽容，与自己和解。拨开乌云，让阳光照亮每一个孩子，用轻柔的语音去启迪孩子。虽没有盛世美颜，当一回抚慰孩子心灵的神仙姐姐也不错。

（三）表扬及时，批评延时

金无足赤，人无完人，再好的学生难免也有不足之处，再差的学生身上也有自己的优点。在教室乱哄哄时，拿起粉笔把坐得最端正的孩子的名字写在黑板上；在孩子违反课堂纪律时，予以眼神的提醒，"数子十过，不如奖子一长"。每个孩子都希望得到老师的爱护和关心，肯定他们的闪光点，让

他们最大限度地发挥自己的特长，对他们的正确做法多加赞赏，相信就会收获不一样的果实。

三、班级发展目标

每个孩子都是一颗神奇的花种，教育就是生命的一场自我觉醒。在这个过程中，我始终坚守初心给学生发展赋予成长基因，给学生童年给予成长的光源。

（一）培养班委，为班级撑起半边天

在开学初让学生填写班委意向调查表，主要包括竞选职位、竞选理由及竞选优势。对相应的孩子轮流进行实习期考察，看谁更有能力胜任竞选职位。班子成立后还要成立班委会监督小组，专门监督和提醒班干部的行为规范。我也会定期开展班干部培训会，对班干部的行为规范和职责进行讲解、培训。待他们的工作得心应手后，我便放手让他们自己去处理班级日常事务，并在学生面前帮助他们建立威信，充分信任他们。

（二）借助活动，把班级秒变班集体

班级是学校进行教育和教学活动的基本单位，而班集体则是一个具有凝聚力的团体。为了让孩子们适应集体生活，学会与人沟通，最终形成团结友爱的班集体，我在班里举办了很多增进凝聚力的活动：道歉会，和最近有过矛盾的同学把事情讲清楚，握手言和；说说对方的闪光点，让学生明白成绩并不是评判一个人是否优秀的唯一标准；帮扶一对一，是我认为行之有效的一个活动，班上孩子自由结对，每个月都召开表彰会；根据平时积分，每周按分值换取相应奖励，例如当小组长、与老师合照；举行主题班会，评选品格之星……这些活动极大地调动了学生学习的积极性。

四、实践做法

为了激活学生内生力，打造班级正能量的磁场，构建积极阳光的成长共同体，我主要从以下三个维度开展班主任工作。

（一）班主任维度：循循善诱，在“引”上下功夫

我在育人上遵循孩子的成长规律，有阶段的规划，有鲜明的文化，有科

学的管理，打造魅力班集体。

1. 成长有规划，梯度推进，有序发展

打造三年培养体系，规划三年发展目标。这届我带的是“雏鹰班”，我同样先制定三年培养规划：四年级团结互助、积极进取，展团队风采；五年级独立求知、自我管理，展自主能力；六年级比学赶超、争创佳绩，展学识魅力。三年规划清晰，目标明确，梯度推进，引领班级有序发展。

2. 精神文化，保障为先

合格的班主任靠班规班纪管理班级，优秀的班主任靠走进每个学生的内心管理班级，卓越的班主任靠班级文化治理班级。班级发展需要班规班纪的明文约定，需要走进每个学生的内心，更需要文化的熏陶浸润。

我首先建设班级的“硬文化”，如卫生整洁、装饰教室、搭建图书角等。同时，我更重视构建班级的“软文化”，如学习风气、价值取向、班级精神等。我们班叫“雏鹰班”，寓意每个孩子都要像雏鹰一样，茁壮成长，飞向憧憬的远方。

3. 思想有内化，行动有方向

最好的教育是自我教育。我引领学生自定班规，自我约束，自我警醒，培养学生独立思考的能力，面对问题有自己的是非观。每个人都要学会自我反省，因为真正的成长是自我成长，自我教育。我坚持每天给学生发一段经典语录，提升学生的思想认知水平和明辨是非的能力。孩子们每天自我反省，记录成长心得。师生以文传情，共生共长。

（二）学生维度：多元育人，点亮理想信念

我始终将立德树人作为班主任工作的核心理念，追寻经典的足迹，彰显独特的个性，点亮理想信念，去唤醒、塑造孩子的灵魂，做有温度的教育。

1. 激发机制，为唤醒成长而为

观察学生成长的细节，防微杜渐。一张小字条、一次暗访，发现问题的萌芽；一次作业拖欠、一次课堂走神，发现沉迷手机的坏习惯；一次小矛盾，一次微信聊天，发现“小团队”引发的交往问题……我用眼睛捕捉学生的变化，用心感受学生的进步。当学生取得点滴进步时，给予他们一个大大的拥抱；当学生犯错时，心平气和地与其谈心聊天。因为，身为班主任，要给予学生最细致入微的关爱。

2. 引导机制，为提升能力而为

阅读是我们班级文化的一种常态，和学生一起比赛阅读，交流分享，让书籍成为滋养学生成长的养分。我始终相信经典的力量对学生的终身影响。用经典诵读，为学生的人生打好底色，塑造着学生的人格，改变着学生的精神气质。让经典伴随学生一路成长，让学生在经典中浸润德行。

（三）家校维度：协同育人，历练实践能力

生活即教育，学校即社会。带领学生走进社会大课堂，在实践中学习，在担当中作为，在丰富实践活动中历练综合能力。

1. 设立班级责任岗，明确具体职责

班级工作，人人参与，事事作为。发挥所长，担当重任，历练技能。人人都有一份工作职责，人人都有一份对班级的责任心，通过设立班级工作岗位，培养学生主人翁意识，增强学生班级责任感。

2. 落实家庭责任，提升家务技能

家庭事务，积极参与。我要求每个学生都要承担家里的一项劳动任务，或扫地、拖地、倒垃圾，或买菜、择菜、做顿饭……鼓励学生积极参与家务劳动，提高生活技能，培养学生的家庭责任感。

3. 社会实践活动显情怀

带领学生走进研学基地，体验平度优秀传统艺术文化；参与“小小志愿者”活动，走进社区，美化家乡，感受劳动者的艰辛；走进大棚采摘园，体验田园生活，锻炼生活本领……同时，我还充分调动家长的积极性，发挥家长育人力量，家校携手，共促孩子健康成长。

五、特色和成效

班级现已形成了互帮互助、共同进步的学习生活氛围，在学生一张张洋溢着自信的脸庞上，我看到了一块块璞玉经过打磨之后以良玉的姿态呈现在学校和家长面前。同学们积极参加学校活动，并且多次在大型活动中取得优异的成绩。课堂上，同学们乐学善思，享受知识带来的欢愉；生活中，同学们热情友善，彰显了团队的和谐；活动时，同学们团结合作，争先创优不甘落后，我们班逐渐成长为一个充满活力、蓬勃向上的班集体。多元育人，收获着个体的独立成长。

行走在班主任工作的这条道路上，我立足班主任角度，科学育人，启智润心；着眼学生角度，多元育人，培根铸魂；放眼家校角度，协同育人，共生共长。从这三个维度，我不断探寻“以德育人、以文化人”的治班艺术，不断追寻着教师、学生、家长三方共同成长的美好境界。

六、教师反思

常言道：亲其师，信其道。学生一旦感受到师爱，就会自然地快乐地接受教师对他的教育，就会得到满足而产生积极的情绪。所以，要设法了解学生的一切，想法开启他们心灵的天窗，带着一颗真诚的心，走入学生中间，去询问，去了解，倾听学生的意见和心声，点燃他们心灵深处理想的火花，鼓励他们奋发向上。

在教育教学中，常有学生犯这样那样的错误，我们不能因为学生的错误就对学生辱骂或进行体罚，教育成功的秘密在于信任学生，只有尊重学生的人格，顾及学生的自尊心，学生才能信任老师。所以，在管理班级时，要尊重学生，宽容地对待学生。采取宽容的态度育人，会令孩子更爱你，也使你的工作更轻松，心情更舒畅。

著名教育家陶行知说过：“爱心是温泉，它可以滋润学生的心田。”师生情感的沟通，是教育取得成功的一个重要因素。确实，作为老师，要对学生充满爱心，看到每个学生身上的闪光点，并及时表扬。温馨的话语再加上亲切的动作，一次凝视、一个握手、一声谢谢……学生会被老师的爱感动，老师以情感人，赢得教育的主动权，学生也更容易接受。我坚信“一分耕耘，就有一分收获”。当我看到自己带的班级朝气蓬勃、秩序井然地向前发展时，当我看到每一名学生学有所成，而且具有高尚的情操时，所有的辛苦与汗水都化作一股清泉流淌于心间，且瞬时化作强大的动力，让我投身到工作中去，乐在其中。

师者，以德而耕，收获山河；师者，浇花浇根，育人育心；师者，如泽如炬，虽微致远。每一个学生都是一颗星星，既能在三载四季中绽放自己的流光，又能汇聚一起，铸就辉煌。

爱而有度　向阳而生

刘　婧

一、育人理念

《中小学德育工作指南》一书中对中高年级学生提出的德育目标中有这样一句话：初步形成规则意识和民主法治观念，养成良好生活和行为习惯，具备保护生态环境的意识，形成诚实守信、友爱宽容、自尊自律、乐观向上等良好品质。

所以，我的育人理念是“做有温度的教师，育有爱心的孩子”。所谓“做有温度的教师”就是遇事先问自己，是不是“一切为了孩子”，看淡各种评价，不惧各种压力，唯守问心无愧。严格班级管理，是为了孩子们有个好的学习氛围；遇事集体决策，是为了集思广益，让孩子们充分表达自己的想法，达到更理想的教育效果；日常关心孩子，则是为人师为人母的本能，也是教育的底色。所谓“育有爱心的孩子”，就是教育孩子们拥有一颗正直善良的心，成长的底色是做人，希望他们学会乐于助人、积极奉献、孝老爱亲、文明有礼。

二、班情分析

我们班共42名同学，其中男生23人，女生19人。师生关系和谐，家校关系融洽。学生单纯善良，团结友爱，学习态度端正，班级卫生、纪律等常规习惯已基本养成，但个别孩子规则意识不足，自我管理能力差。

三、班级发展目标

爱而有度，向阳而生，培养“行有尺度，做人有气度，生活有热度，灵魂有温度”的“四度”好少年。

短期目标：以班级文化和制度建设为抓手，打造和谐健康的成长环境，引导学生树立爱国之情、报国之志。

中期目标：通过学识教育和多样化的活动，让学生不断丰富学识、增长见识、健康身心、砥砺品德、陶冶性情、茁壮成长。

长期目标：通过社会实践活动和家校共育原则，培育学生的科学精神和实践精神，促进德智体美劳全面发展。

四、实践做法

（一）完善制度，滋养德行——行事有尺度

班里的孩子已经上四年级了，他们虽然已经有了一定的规则意识，但是有时候也会违反纪律。所以，我首先强化了孩子们的规则意识。

1. 基本制度——《我们的约定》

《我们的约定》为班级管理公约，由学生一起制定完成，以发现班级问题为切入点，利用班会课，让学生进行有效讨论，形成大家统一认定的公约制度，共同执行，互相监督。根据班级情况，哪些行为习惯已经养成，哪些行为习惯成为迫切的目标，不断修订调整约定。成长见约定，目标见约定。

2. 日常制度——小组合作的梯级管理

（1）小组合作。全班共42人，分成6组，每组7个同学。组员分别负责不同的事务：大组长负责作业检查和学习；副组长辅助大组长，帮助后进生。桌椅员负责检查提醒每天的桌椅摆放；小喇叭员负责纪律的监督；监督记录员负

责打分。此模式主要应用于学习中的小组讨论、卫生值日和各类班级活动。

（2）梯级管理。民主自治，各司其职。班级中，班长负责管理学习委员、卫生委员和纪律委员，学习委员负责晨读、午写和6个大组长。此模式主要用于班级纪律管理和日常事务。评价办法：每周五集体汇报，班长组织班会，小组内自评优秀组员，结合优秀大组长、优秀小组等评选活动。总结本周进步之处和不足之处，同时引导大家畅所欲言，开会制定管理方案和惩罚措施。

这些班级制度相互形成“组合拳”，并根据年级特点不断修改，让每个学生都参与到班级管理中，让每个学生都在团队中互帮互助，让每个学生都体验到团队中不同的角色，在合作中共生，在共生中双赢。同时，学生在合适的班规中知边界、守分寸，极大地调动了学生的自主能动性和自我管理能力，团体协作互补互助，互相制衡，展开了班级有序运转的生动画卷。

（二）优化环境，陶冶情操——做人有气度

1. 文化养班，增强班级文化认同

文化是班级的灵魂和生命，有文化才有根基。好的文化能唤醒学生的主人翁意识，激发学生参与班级管理的热情，对班级的发展具有自我调节、自我约束的功能。

2. 舰队文化，引领进步激励发展

除了传统的班级职务，根据学生的创意，我们还设置了窗帘小管家（负责午休窗帘管理）、卫生角小管家（负责卫生角物品整洁）、讲台小管家（负责每个课间整理讲台）、阅读角小管家（负责阅读角干净和书籍整洁）、水杯小管家（负责水杯摆放整齐）、黑板小管家（负责前后黑板整洁）、雨具管理员（负责雨具摆放整齐）、午休管理员（负责提醒同学们每日午休时间安静休息）、桌面管理员（负责提醒同学们桌面干净，污垢及时清理）、礼仪小天使（负责纠正不文明用语）、护眼天使（负责带领同学们做好眼保健操）、电脑大师（负责离开教室前关闭电脑）、灯光师（负责离开教室前关闭所有灯光）、温控师（负责离开教室前关闭空调）、交通员（协助管理列队秩序）、掌门人（负责放学关门），等等。认真负责的孩子每周还能获得表扬信。这些小岗位从儿童视角出发，不仅充满童真童趣，还充分调动了学生的积极性，达到了“人人有事做，事事有人管”的和谐的效果。

（三）系列活动，润泽成长——生活有热度

1. 积分活动和谐竞争

在上课、常规、活动、作业和创新等方面，我对学生的表现进行星星量化管理，设置了“星星积分兑大奖”的活动。5积分，开心糖果一颗；10积分，抽盲盒一次；15积分，幸运抽奖；20积分，班主任向家长表扬你；25积分，免写家庭作业一次；30积分，一周班长体验卡；50积分，和最喜欢的小伙伴做同桌；80积分，和校长大大合影，名字登上班级永久名牌墙……奖品每月还会根据孩子们的建议进行更新，每当月末兑奖时，班里总能发生“小地震”。同学们兴高采烈地细数自己的星星积分，“兑大奖”成了课间热议的话题。积分约束，大奖激励，一个简单的游戏，承载了同学们学习生活之余的小激动和小惊喜。

2. 阅读活动持续深入

（1）仪式感引阅读兴趣。阅读对孩子一生都具有深刻影响，培养阅读习惯尤其重要。所以我给上课认真和热爱阅读的孩子优先赠送一份特别的礼物——阅读记录存折，存折上的积分和星星积分活动相连，在榜样的引领下，同学们争先恐后地想得到这份礼物。然后我们开展了一场别开生面的阅读开卡仪式，齐声朗读阅读宣言，让仪式感激发学生阅读兴趣。

（2）图书漂流浸润成长。教室阅读角里的书本无法满足孩子们的阅读需求，所以我又购置了一批优质童书和绘本。根据存本数量，同学们每个月可以在图书库里选取3～5本书，读完后在组内进行图书漂流，读完的小组之间对换，阅读达人小组在积分榜上也有所体现，同时结合“亲子阅读”、“我最喜欢的书”和“好书推荐”等活动，让学生读有所获。

（四）互动对话，浸润心灵——灵魂有温度

我认为班级活动的内核在于互动、生生互动、师生互动、家校互动。这种互动是一种“对话”，互动的底色就是爱，我们基于爱去沟通和交流，我们基于爱和同学对话，和自己对话，和环境对话。

我们班的小奇同学是家里的二宝，任性，依赖性强，学习习惯差。我发现后，经常找她谈心，告诉她做人的道理，学习的方法，习惯的重要性……

临近期末考试，小奇妈妈发来一条短信：“老师，您好，麻烦您和小奇说一下，今天下午放学后让她坐校车回家，不去托管班了，让她去她三娘家吃饭睡觉。我有点小毛病在医院住院，她爸爸在陪床，今晚上不回家了，麻烦您了。”

看到短信，我课间找到小奇，直截了当地说：“妈妈有点不舒服，去医院了，很快会回来了。你到三娘家，想妈妈时，怎么办？”小奇看着我，有点蒙。我说：“这样吧，马上考试了，你想妈妈时，就读一读自己喜欢的书，或者复习一下学过的课本，背一背，好不好？”小奇说：“好吧。”我接着说：“小奇，你试一试，无聊的时间会很快过去，你会度过一个充实的晚上。爸爸妈妈不在身边，正是你锻炼自己的机会。我知道，你自理能力挺强的。”她没说什么，默默地回去了。

晚上，我发短信给小奇妈妈：“我和小奇聊天说到晚上无聊时看看书，会觉得时间过得快。她说晚上试一试。请不用挂念，小奇自理能力很强的。孩子总归要长大的。”

小奇妈妈表示感谢，并回短信说：“小奇最愿意听您的话，别人很难开导她，太谢谢您了。”

第二天，我和小奇谈到昨天晚上的事情。她说：“自己睡不着时，复习了语文一二单元。”我问她：“感觉怎么样？”她笑了笑说：“挺好的。”我笑着说：“看来，你过得很充实。”第二节语文课，我对全班学生说：“我们要学会自觉复习。小奇同学就能够自觉复习。下面让她谈谈。”我刚说到这儿，大家纷纷鼓掌，满脸期待地看着她。小奇到讲台那儿讲了自己是怎么复习的。大家认真听着，听完后又鼓起掌来。小奇不好意思地笑了。

后来几天，我了解到小奇一直自觉复习。期末考试，小奇的成绩出奇地好。

我们班也会组织各种各样的互动活动去充盈孩子们稚嫩的心灵，丰富他们的认知，凝聚班级精神。例如，开学之初的趣味自我介绍会、优点大轰炸主题班会、妇女节为妈妈献上一朵手工花、猜灯谜，等等。

五、特色和成效

科学管理，营造了良好的班风班貌。课堂上，学生乐学善思，享受知识带来的欢愉；生活中，学生热情友善，彰显了团队的和谐；活动时，学生团结合作，争先创优不甘落后。我们班逐渐成长为一个充满活力、蓬勃向上的班集体。

让每个孩子都闪耀自己的光芒

纪倩倩

一双双纯净的眼睛，一个个幼小的身板，三年级一班的小苗苗在两年前的9月满怀期待地走进校园，我与孩子们共同开启了快乐的校园之旅。第一次游览校园，第一次参加集体活动，第一次执笔写字，第一次被老师表扬……无数个第一次成了孩子们跟我最美好的回忆。

苏霍姆林斯基说："每个孩子都是一个完全特殊的、独一无二的世界。"作为班主任，我小心地守护着每一份独一无二，让每个学生都能站在自己的肩膀上去探索世界之大，去感悟生活的奇妙，去发掘自身的亮点，去体验花期开放的喜悦……14年的班主任经历，让我逐渐总结出一套治班方略的真经——让每个孩子都闪耀自己的光芒。

一、育人理念

孔子有言："志于道，据于德，依于仁，游于艺。"这是孔子一生的教育思想的总结，也是他利人利己的写照。这句话，同样影响着我的班主任之道。学校作为教育的主阵地，肩负着为党育人、为国育才的重任，班级作为具体实施育人功能的场所，发挥着无可比拟的功效。作为班级工作的引领者，班主任既要教书成才，又要育人成才，其中德育最为关键。“德”为五育并举之首，更是中华民族优秀传统文化的延伸。我始终坚持立德树人的育人理念，以培养担当民族复兴重任之人才为己任，在平凡、细微的班级管理中，为学生创造良好的德育发展环境，并积极观察学生德育素养发展的情况，从学到做，从知到行，既提炼德育课程文化，引导学生树立乐观向上的人生态度和价值观，又注重人才培养，助推学生内涵全面发展，让每个人都闪耀自己的光芒。

二、班情分析

我们班共有学生42人，其中女生20人，男生22人。一年级我就开始接任班主任，和孩子们共同生活了2年多，师生关系和谐，家校关系融洽。本班学生单纯善良，能够团结友爱，但不善展示自我。学习的内动力不足，个别孩子规则意识不足，自主性较差，读书激情不够，任务落实不到位；师资力量雄厚，教师团队中青结合，业务能力过硬；家校能够协同育人，大多数家长受教育程度较低，但比较配合学校工作，重视学生教育。

三、班级发展目标

班级目标：自主管理，勇于担当，凝心聚力，幸福成长。

学生目标：成为有理想、有情怀、有格局、有担当的有志少年。

成长目标：尊重差异，美美与共，愉悦身心，张扬个性，独一无二地绽放。

四、实践做法

激活学生内动力，打造正能量的班集体，构建积极阳光的成长共同体，我主要从以下三个维度开展班主任工作。

（一）组建班级，活动育人

作为班主任，我想给学生一个幸福完整的童年，让他们守住绿意葱茏的精神天地，让每个人都闪耀自己的光芒。经过探索实践，终于建起一方属于我们的小天地——幸福班级。

苏霍姆林斯基说:“没有活动就没有教育。”所以,我与幸福班级一起通过多彩活动的构筑,精心编织起立体式教育的网络,创设多元互动的活动平台,让学生逐渐懂感恩、乐分享,成长为自信的、身心健康的阳光小公民,让每个孩子都在成长中感受到幸福。

1. 组建幸福班级——设计归属感活动

开学初,在班级群里对下学期幸福班级文化建设的精神与初步设想展开讨论,孩子们群策群力,合作完成。我和班级——每一位家长、每一个孩子、每一位科任老师一起参与讨论,提出建议,共同协商,最后达成决议,形成幸福班级独特的班级文化标识:班服、班徽、班章……

班徽,是由家长和孩子一起设计的,经过评选从中选定刘孟钰的作品。班徽是两个朝气蓬勃的孩子手拉手——每个孩子都是独具个性的天使。我们心手相牵,幸福相连,脚踏实地,共同耕耘快乐的心田。同时,我们期待着有一天孩子们羽翼丰满,展开翅膀,自由自在地翱翔。

学期初,学生还参与设计、布置班级的图书角、植物角等,打造一个个幸福的文化符号。图书角罗列着各式各样的书,植物角满满地摆着孩子们从家里带来的花,美丽的花儿带来芬芳的同时,更涌动着学习的生命力。我们常常可以看到,孩子们在课余时间一起研究一下这些花叫什么,来自哪里,有什么效用,如何养护管理。孩子们还精心设计了花卡,设置“绿植小天使”,犹如对待小宝宝一样细心看护这些花草,既愉悦身心又提高审美品位。班级文化在岁月的沉淀中慢慢完善,在时光里用热爱书写,浸润孩子们的心灵。

2. 开创幸福活动——体验式班会

体验式班会是让学生在创设的情境中,主动参与到活动中,人人都是主角,享受沉浸式教育。体验活动以游戏形式出现,符合孩子们喜欢参与活动的心理特点,更关键的是能触及学生的心灵深处,赋予精神力量,及时给予每一个生命有效的帮助。

(1) 体验一分钟快速鼓掌,试一试,超越自我并不难。这个游戏先让孩子猜一猜自己一分钟能鼓掌多少次,接着计时让孩子做一做,做完之后拍得多的孩子进行经验分享(有的孩子会发现一只手不动,另一只手动,会比较快)，接下来再挑战。通过四个环节，孩子们惊喜地发现原来自己可以拍那么多次，自己都被自己吓到了。一个小小的游戏让孩子体验到：我可以做得更好，我可以超越我自己。

(2) 呵护气球宝贝，珍爱生命之重——感恩生命体验活动。先给每人发一个气球，告诉孩子，现在这个气球就是你的宝贝，你要小心呵护他。孩子们开始吹气球，给自己的宝宝取名字，并用彩笔为他画上脸蛋。精心打扮一番后，学生小心翼翼地把宝宝藏进衣服里，一天的体验活动就开始了。就是这样一天的体验活动，孩子们感受到了很多不方便，更多孩子感受到了妈妈怀胎十月的艰辛。回家后，有的孩子给妈妈一个大大的拥抱，有的拉着妈妈的手说起了真心话。我更是收到了家长发来的信息：感谢老师……每条信息都透露着家长的惊喜与感激。孩子们将一天的感受记录下来，便有了《呵护气球宝宝》这篇生活化作文。这次活动，孩子们亲身体验，自主感受，体验到母亲怀胎十月的艰辛，也真正学会了拥有一颗感恩的心。

3. 拓展幸福体验——集体实践活动

幸福班级最具特色的是以“感恩、分享、自信、成长”为行动指南的幸福活动课程，把孩子们、家长、老师充分调动起来，形成一个有活力、积极向上的团体。

还记得那次航模活动，在家委会的组织下，我们一起来到了航模基地。航模基地的老师给孩子们讲解航模的有关知识，听完讲解后，孩子们拿起航模飞机比赛谁飞得远；拿起遥控机模拟飞行；观看无人机表演，一堂生动的科普课让孩子们至今难忘。后来，我们又开展了莱西亲子拓展活动。先去参观了大棚蔬菜种植，在那里同学们认真学习蔬菜种植小知识，并亲手采摘不同种类的蔬菜；还跑去养殖场，从鸡窝里捧出了热乎乎的鸡蛋，作为午餐的食材；家长和孩子们一起准备午餐，那天孩子和家长吃得格外香；在教官的带领下，同学们在“真人CS”训练场学习了怎样拿枪，怎样射击，同学们认真听着，看着，做着。特别是听到有个同学说“我长大了，要当解放军，保家卫国”的时候，我心里暖暖的，仿佛看到十几年后的他，站在火红的国旗下，英姿飒爽……

在一次次幸福班级活动的构建中，孩子们的童年生活因此丰富多彩，达成让每位学生塑造自我、展现自我的愿景。学生在幸福班级中学会学习，享受生活，编织生命的每一个日子，形成了充满生机的班级文化。

（二）培养班干部，落实自主管理

班干部是一个班级的核心，跟班主任一起使劲儿，并且用对劲儿将会起到不可估量的作用。孩子们自己支持的班干部一定是有一定影响力的孩子，因此我仍然采取民主竞选制。每次竞选，我都会刻意制造隆重的气氛，为班干部的威信树立做好充足的铺垫。在这种氛围下，班干部对工作都非常尽心尽力。午练、打扫卫生、管理晨读、维持纪律、记录好人好事、监督文明行为等小任务，我都放手让班干部组织。这样一来，既锻炼了班干部的能力，又树立了威信，使班干部真正成为老师的得力助手，孩子们自己也受益无穷。同时，我也会对学生干部进行定期的培训，在班会、家长开放日时让班干部分享自身的管理经验，以此来不断强化班干部的班级管理能力。

（三）家校共育，携手同行

没有家庭教育的学校教育和没有学校教育的家庭教育，都不可能完成培养人这样一个极其细微的任务。家校共育，关键在"共"。学校和家庭的互相配合程度，影响着孩子的成长和发展。学校教育是主体，是对学生进行素质教育的最重要因素；家庭教育是基础，是对学校教育的必要补充。因此，我经常跟家长进行多种形式的沟通，以孩子为中心画好同心圆，互相理解，积极沟通，融合信任，彼此陪伴，保持共育的一致性。开学初，我会先建立班级微信群，署名"三一班和谐大家庭"，每天"看见"孩子的点点滴滴，随时把在某方面值得表扬的学生、学生的学习情况、学生参加的活动以及一些优秀的家庭教育类的文章等发到微信群中。这个微信群既有利于家长接收信息，孩子每天在校的表现一目了然，又可以讨论育子心得，收到了事半功倍的效果。

家校共育，目标在"育"。说到底，家校双方的目标是一致的，都是为了孩子健康成长、全面发展。孩子在成长的过程中难免会出错，这时作为班主任应该与家长达成共识，共同育人，让孩子学会从犯错中成长，才能达到"1＋1＞2"的效果。同时，在和家长的沟通中要注意语言艺术，学会倾听，把握好沟通的顺序，合理建议，真诚关心，总会触动家长的情绪，让家长看到老师的努力是在为了孩子的更好成长。那些关注孩子情感的交流、关于教育目的的探讨、关乎成长经历的分享等，都能在教师与家长之间架起一座心意相通的桥梁，打造家校协同育人新样态。

五、特色和成效

两年来，我们班班风正，学风浓，班级成绩优异，凝聚力增强，在同年级班级中各方面表现都很突出，幸福指数不断升级。课堂上，学生们乐学善思，享受知识带来的欢愉；生活中，学生热情友善，彰显团队的和谐；活动时，学生团结合作，争先创优不甘落后，我们班逐渐成长为一个充满活力、蓬勃向上的班集体。作为班主任，做有温度的教育，创有温度的教室，育有温度的学生，用心捕捉教育契机，看到学生像一只只小小的萤火虫，带着光而来，又汇聚光，成为光，照亮未来的方向，在成长道路上闪耀着独一无二的光芒。这茁壮成长的力量，让我发自肺腑地欣慰与满足。

班主任工作陪伴我度过许多美妙的时光，在幸福班级这方小小的天地，学生的生命是流动的丰盈的，我的生命也是充实的快乐的，我们都在这里发现幸福、创造幸福，做幸福的事、做幸福的人，得到了幸福的滋养，于我而言这就是最好的教育。尽管还有很多不足之处，但我相信用心用爱用情，所有的挑战都会成为机遇，所有的困难都会化为坦途。在未来的日子里，让每个孩子都闪耀自己的光芒，成就最好的自己。

一架天平三把尺

王瑞玲

一、育人理念

《中小学德育工作指南实施手册》指出德育工作要面向全体学生，关注个体差异，促进教育公平；要根据学生认知特点，分类指导，因材施教。

我的育人核心理念是天平立班·量尺育人，我将其形象化为“一架天平三把尺”。

天平之责，在于让每颗心都感受到被平等托举的力量。天平立班，“以公平为基”，深刻践行“让每个孩子都享有公平而有质量的教育”的核心理念。

尺之智慧，在于为迷途者引路、为畏缩者燃灯、为卓越者立峰。量尺育人，“差异为尺”，生动诠释“一把钥匙开一把锁”的德育智慧。钢卷尺：柔韧有骨，边界生威；软尺：以心暖冰，微光成炬；戒尺：响鼓重锤，玉琢成器。

二、班情分析

我班共有学生48人（男生23人，女生25人）。整体班风积极向上，同学关系较为融洽，大多数学生品行端正。学生特点：男生普遍活泼好动，表现欲强，热衷活动，但个别“问题男生”课堂纪律意识较差，影响教学；女生整体文静内敛，个别略显娇气。

核心关注点：学生们非常关注教师对待不同学生的态度，内心渴望得到老师的认可与公正对待。这更坚定了我对“一架天平”公平原则重要性的认识。

三、班级发展目标

基于“天平立班·量尺育人”的育人理念，结合班级实际，我为本班学生描绘了清晰的发展蓝图。

总目标：培养明规则、有自信、敢担当、求卓越的时代小公民，建设公平正义、温暖包容、自律进取、蓬勃向上的活力班集体。

近期目标（1学期）：筑基塑形，建立秩序。规则意识初步建立；安全信任氛围形成；集体认同感萌芽；个体闪光点被看见。

中期目标（1学年）：能力提升，自信生长。则内化与习惯养成；自信心显著增强；自主管理能力初显；追求卓越意识激发。

长期目标（小学阶段）：品格塑造，卓越发展。稳固的规则意识与公民素养；充盈的内心力量与积极心态；卓越的综合能力与领袖气质；强大的集体凝聚力与向心力；可持续发展的内驱力。

四、实践做法

践行“天平”理念，巧用“三把尺”，让教育在细节中生长温度。

（一）稳托天平：在点滴日常中浇筑公平与信任

1. 一视同仁，品德唯先

（1）明确向学生传递：评价标准首看品德，不因成绩好坏、过往表现而区别对待。对屡犯错误的学生也绝不放弃。

（2）课堂内外：让每个孩子都知道，老师关注的是“思考”本身，而不是“对错”或“名字”。提问时，我会有意识地扫视全班，不遗漏角落。当小浩（成绩靠后但思维活跃）鼓起勇气举手时，我会立刻捕捉到：“小浩，这个角度很新颖，说说你的想法！”他答对了，我和同学们一起鼓掌；答偏了，我会说：“敢于尝试就很棒，咱们再听听其他同学的补充。”

(3) 评价表彰：让不同特质的孩子，都能在班级星空里找到属于自己的光芒。学期末的“班级之星”评选，除了“学习标兵”，我们必设“诚信之星”、“助人之星”“进步之星”“劳动之星”。当平时默默无闻的小衫因为“坚持每天认真值日，从未抱怨”而站上讲台领取“劳动之星”奖状时，她眼中的光彩比任何分数都珍贵。

(4)“不抛弃”的承诺：参与规则的制定，感受到被需要，而非被指责。对屡次违纪的小浩，我从不简单说“你不行”。班会课上讨论班级公约，我会特意问他：“小浩，你觉得这条‘尊重他人发言’怎么做到比较好？你肯定有办法！”

2. 化解矛盾：重“共情”与“自省”

(1) 遇冲突先给“3 分钟的冷静期”。这 3 分钟，不是惩罚，是给他们情绪降温、找回理智的空间。

(2) 耐心倾听双方陈述(即使辩解)，理解其情绪和立场(共情)。有一次小宇和小林因抢占篮球场打架了。小林先开口：“他先推我的！”小宇立刻反驳：“他占着地方不让！”我没有打断，认真听完，然后对小林说：“场地被占了，想打球的心情被破坏了，确实很着急，对吗？”又对小宇说：“被推了一下，身体疼，心里也憋屈，是不是？”当孩子听到老师说出他们的“委屈点”，紧绷的肩膀明显放松了。通过双方的陈述，我明白了他们的矛盾点和各自的委屈点。共情以后，他们从心理上就接纳了我。

(3) 引导换位思考(如果你是对方……)，促其自我发现行为不当之处。引导换位思考，比直接批评有效十倍。

(4) 鼓励矛盾双方自主提出解决方案(自己说怎么办)，在双方认可下执行；必要时教师提出可接受的惩戒措施。让孩子自己提出解决方案，往往更真诚、更容易执行，也会使一场风波变成一次沟通的契机。

3. 民主决策：让每个声音都有回响

(1) 班干部竞选：“唯才是举”的舞台。竞选前，我们会一起讨论“好班干部需要哪些品质”大家列出“负责”“公正”“热心”“能带头”等。小浩竟然也举手报名体育委员，他的竞选词很朴实："我跑得快，力气大，能帮大家搬器材。虽然我有时管不住自己，但我保证当委员时一定做好！"尽管他纪律不好，但大家认可他的能力和诚意，他高票当选。这份信任，成了他约束自己的巨大动力。

（2）活动选拔："看得见的公平"。每逢有班级、学校或上级组织的活动，我总是先让学生自由报名，超额则公平竞争，由学生裁判裁决，最后公开结果。公平竞争的过程比结果更重要，确保过程公正，结果才能服众 。

（二）巧用三把尺：精准施教促发展

1. 钢卷尺：丈量"失范者"——刚柔并济建规则

（1）精准诊断，"看到"行为背后的"不能"。一些学生有无视提醒、屡教不改、妨碍他人、影响全局的小说小动行为。还有的不仅是严重的小说小动，还没有规则意识，无论课内课外，无论家庭学校，到哪里都没有个孩子样儿，率性而行，旁若无人。他的"捣乱"背后，可能是"不会安静"和"寻求刺激"的能力缺失，而非单纯认识问题。

（2）细化指导，明确规则。如"小浩，你看，手可以这样放（具体示范）：左手压书，右手拿笔。如果暂时不用笔，就放在桌角这个小框里。试试看。"把抽象的"守纪律"，拆解成具体的、可操作的"动作指令"。强调基本原则，当他把唾沫抹到同学桌上时，我要求他必须自己清理干净，并向同学道歉。惩罚很明确，为不当行为付出劳动和尊严的代价，惩戒指向"行为"而非"人"。

（3）寻找闪光点，点亮"向好"的微光。积极发现其优点（如发言有条理），为他创造"被需要""被认可"的高光时刻，激发内在动力。

（4）接纳反复，看见进步。允许犯错—认错—改错的循环，目标是通过自我控制逐步减少犯错。原则问题必须挺直测量（明辨是非），习惯养成则允许"打弯"（耐心引导，反复抓、抓反复）。

钢卷尺丈量，既要丈量错误的深度，更要丈量进步的刻度。

2. 软尺：丈量"自卑者"，暖心倾斜育自信

（1）无条件接纳与关爱。多关注，多微笑（微笑是最温柔的语言），柔和交流，让微不足道的日常接触，都成为传递"我看见你了""我喜欢你"的信号。

(2) 降低标准,放大优点。发现其闪光点,创造机会展示并大力表扬,肯定其努力过程,不唯成绩论。一次数学课上需要读一道情境题,我知道小衫(学困且自卑)朗读有感情,就点名小衫来读。她怯生生地站起来,声音很小但很流畅。读完,我立刻带头鼓掌:"读得真好!字正腔圆,还带感情,把题目意思都读明白了!谢谢你!"她坐下时,脸红了,但嘴角有一丝几乎看不见的上扬。

(3) 持续鼓励,强化积极体验。利用一切机会(课堂表扬、作业评语)进行鼓励。当"优秀"的标准从"做对难题"拓展到"做好我能做的事",自卑的孩子就有了踮起脚尖就能够到的目标。这样就帮助他们建立了基于自身进步的积极自我评价。

软尺的松紧艺术在于,拉紧软尺,持续传递温暖的期待(暖心支持),松松垮垮测量(降低压力),营造轻松无压力的成长氛围。

3. 戒尺:丈量"优等生",严管厚爱求卓越

(1) 破除"光环效应",直面问题不姑息。清醒认识优生同样存在缺点(如自满、规则意识松懈、抗挫力弱、网瘾等)。高标准,严要求,惩戒有力且指向明确,引导其超越分数名次,不自满于当前的分数,唤醒对长远发展的思考。

(2) 关注细节与品行。纠正不良习惯(如坐姿、书写潦草、课堂随意交流),强调行为对他人和环境的影响。小钧和小哲是一对龙凤胎,聪明但自由散漫。两人经常跟周围同学说话,还隔着老远传东西。我用手机悄悄录了10秒视频,课后单独给他们看:"你们觉得,这段视频里你们像品学兼优的榜样吗?其他认真听讲的同学看到会怎么想?"画面带来的冲击力,远胜于言语说教。

(3) 家校紧密沟通。及时向严格要求但可能不知情的家长反馈真实情况,家校坦诚沟通,才能撕掉优生在家校间的"保护膜",形成教育合力。

(4) 激励追求卓越.理直气壮地提出更高期望,引导他们成为德才兼备、全面发展的栋梁之材。对小林、小钧、小哲这样的孩子,我会在谈心最后说:"老师对你要求高,是因为你完全有能力做得更好、走得更远。不能满足于'还不错',要追求'更卓越',这才是真正的优秀。"

戒尺的威严，最终是为了激发其内在的向上动力，指向更广阔的星辰大海，使优生更加正直优秀。

五、特色和成效

（一）班级特色

“天平立班·量尺育人”育人体系鲜明，“一架天平三把尺”理念贯穿带班全过程，形成清晰、系统、富有哲理的教育框架，易于学生理解和感受。

（1）动态分层评价机制。摒弃单一标准，根据学生个性发展阶段和特点，灵活运用不同的“尺子”（标准和方法）进行评价和引导，实现真正的因材施教。

（2）学生自主与民主实践。在矛盾解决、干部竞选、活动选拔等环节，充分赋予学生参与权、话语权和决策权，培养其自主管理能力和民主意识。

（3）共情引导与正向激励。在处理问题、建立自信过程中，高度运用共情技术，并始终坚持以发现优点、鼓励进步为主线的正向激励策略。

（二）取得成效

（1）学生行为改善显著。如小浩等行为失范学生规则意识增强，扰乱行为频率降低，开始体验遵守规则带来的积极反馈；如小钧、小哲等优等生克服了自由散漫的习惯，课堂表现、书写习惯明显改善，成为真正表率。

（2）个体自信心有效提升。如小衫等自卑学生，在持续关爱和“软尺”丈量下，逐步建立自信，课堂参与度提高，笑容增多，学习态度更加积极。

（3）班级公平氛围浓厚。学生对班级管理的公平公正普遍认同，信任感增强，师生关系、生生关系更加和谐。

（4）集体凝聚力与向心力增强。在公平的规则和差异化的关怀下，不同特质的学生都能在集体中找到归属感和价值感，班级逐渐形成积极向上、互助共进的氛围。

教育是“慢”的艺术，是“反复抓、抓反复”的接力跑。我深知，没有一蹴而就的转变，也没有放之四海皆准的标尺。“一架天平三把尺”，是我在育人实践中探索出的心法。它时刻提醒我：心中永葆公平公正的天平，眼中看见独一无二的生命，手中握有因材施教的尺度。我将继续秉持此理念，在教育的征途上，为每一个生命的健康成长，精准丈量，用心托举，静待花开。

班会设计

做时间的主人

韩海清

一、背景分析

（一）学情分析

（1）六年级的学生开始进入青春期，对很多事情都有自己的见解，求知欲、好奇心增强，尝试合理安排自己的时间。

（2）学生对珍惜时间有了一定的认识，知道珍惜时间是良好的品质，知道要养成珍惜时间的习惯。

（3）虽然大部分同学能够认识到时间的重要性，但仍有部分同学不能合理安排时间，有拖拉的毛病；班内不少学生不能严格要求自己，完成作业比较拖拉，尤其是家庭作业，边看电视边写作业、边吃零食边写作业的情况时有发生；在学校值日的时候，也经常会出现边打扫卫生边打闹的情况，浪费了很多时间。

（二）主题解析

设计珍惜时间的好习惯主题班会，是希望通过这次班会让学生知道时间的可贵性，教育学生珍惜时间，不浪费每一分每一秒，让学生学会管理时间的方法，知道分清事情的轻重缓急，真正做时间的主人。

二、班会目标

(1) 让学生认识到管理时间的重要性，树立珍惜时间的思想意识。

(2) 培养学生的时间观念，让学生学会管理时间。

(3) 提高学生珍惜时间、管理时间的能力。

(4) 强化学生进行时间管理的意识和能力。

三、班会准备

(1) 学生准备：参与排练录制教学视频。

(2) 教师准备：① 设计课堂学习单；② 查阅了解管理时间的方法四象限法；③ 组织学生录制教学视频。

四、班会过程

(一) 活动热身，激趣导入

1. 热身活动，体验一分钟鼓掌

今天我们在录播教室上课，看得出大家跟往常不一样，老师觉得今天每个同学都精神抖擞。让我们用热烈的掌声来表达一下此时此刻的心情吧！

(学生鼓掌)

2. 填写学习卡片

我们进行过无数次鼓掌，你数过一分钟能鼓多少次吗？大家估计一下，一分钟你能鼓掌多少次？把数字写在学习卡上。

3. 掌声响起来

出示活动指南，学生自由读一读要求。

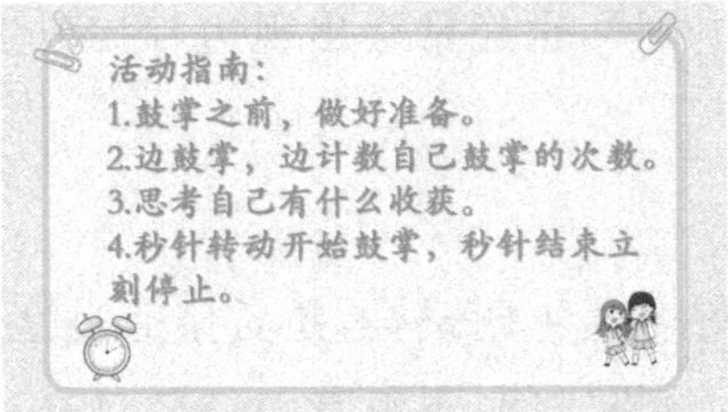

现在请大家找一个自己最舒服的姿势，用最快的速度，响起最热烈的掌声！

记录数字，写在卡片上。

4. 谈感受

刚才在鼓掌的过程中你有什么感受？（学生回答）

你估计的次数和实际鼓掌的次数一样吗？谁来分享？

（开火车，学生回答）（学生可以随机采访现场听课老师）

5. 谈启发

通过这一次鼓掌，联系咱们的学习生活，你受到了什么启发？（学生根据实际回答）

设计意图：这一环节通过课前热身，让学生体验一分钟鼓掌的不易，引入本节班会课的主题：珍惜时间。体验过一分钟鼓掌之后，让学生再联系自己的学习和生活实际谈感受，学生就会“言之有悟”。

（二）管理时间的意义

1. 时间管理测试

课件出示问题诊断。

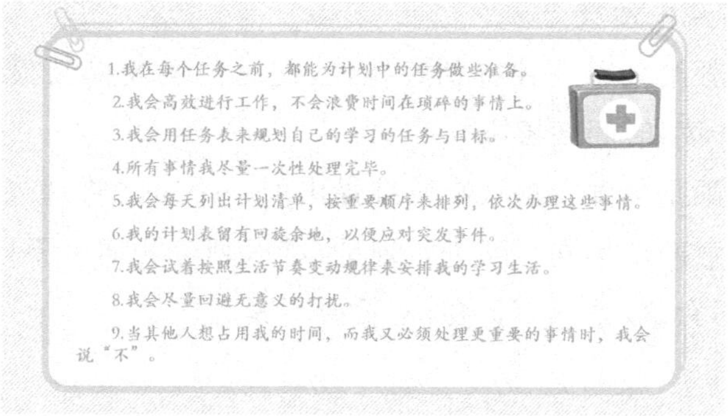

老师这里有几个问题选项，请同学们读一读，看看自己对时间管理得好不好。（学生边读边思考）（教师指名回答）

2. 梳理问题

刚才大家列举了自己在管理时间上存在的问题，老师梳理了一下，大致有以下几点。

课件出示存在的问题。

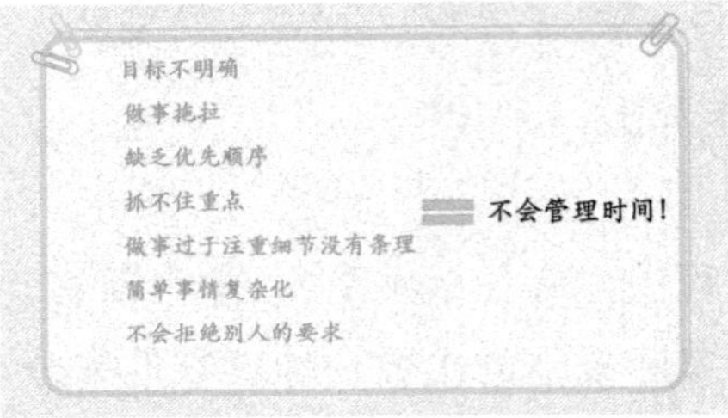

得出结论:不会管理时间。

3. 明确时间管理的意义

① 请大家与同位讨论一下,管理时间的意义是什么?(指名学生回答)

② 老师课堂小结。善于利用时间的人,不会把时间花在不重要的事情上,而是花在值得的事情上。如果你让自己一天只做一件事,你会花一整天去做;如果你让自己一天做两件事,你也会很好地完成它们。

设计意图:让学生从自身的行为出发,根据诊断问题,分析自己身上存在的关于时间管理的短板,认识到管理时间、珍惜时间的重要性。

(三) 时间四象限

1. 时间四象限的概念

今天老师教给大家一种特别好操作,同时使用效果又很好的时间管理方法。(学生齐读:时间四象限)

时间四象限是美国管理学家科维提出的一个时间管理理论。他把工作按照重要和紧急两个不同程度进行划分,可以划分为四个不同的维度:重要且紧急,重要不紧急,紧急不重要,不重要不紧急。

课件出示:

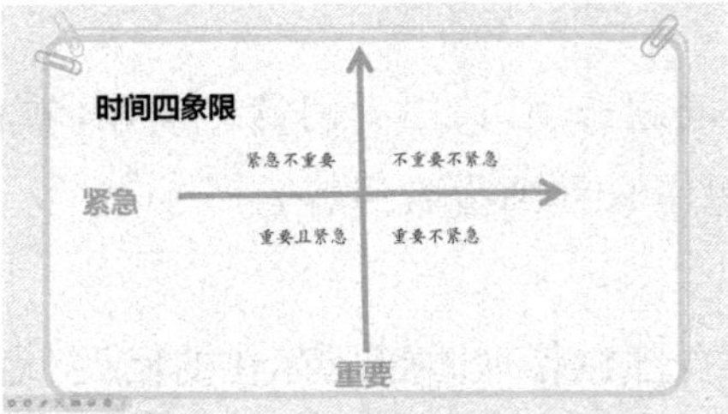

科维提出按照时间四象限区分，要先处理重要且紧急的事情；第二处理重要但不紧急的事情，接下来是紧急不重要的事情，最后处理不重要不紧急的事情。

同学们，老师讲明白了吗？（指名学生回答）

2. 探索问题解决办法

① 分析问题。生活中我们经常会面临很多事情同时要我们去做的情况，我们应该怎样选择呢？

课件出示案例。

周五下午，李明刚走进校门，好朋友对他说："课外活动时间我们一起去阅览室借书吧，听说新书到了。"走进教室之后，他又看到班级提示栏上写着：下午眼操时间，升旗手到大队部排练升旗仪式。他是下周的升旗手，必须要去参加排练。刚坐到座位上，语文课代表跑来对他说参加市才艺大赛的同学4点以后抽时间去小会议室上交报名表。上课了，班主任老师宣布明天的社团活动时间，阅读班要进行作文鉴赏，李明和杨丽同学的作文写得不错，希望他们利用课外活动时间讨论一下，准备跟同学们交流一下写作的经验。李明一听，顿时觉得头都大了，怎么这么多事情都凑到一起了啊……

② 讨论解决问题。出示合作指南（学生自己读要求）。

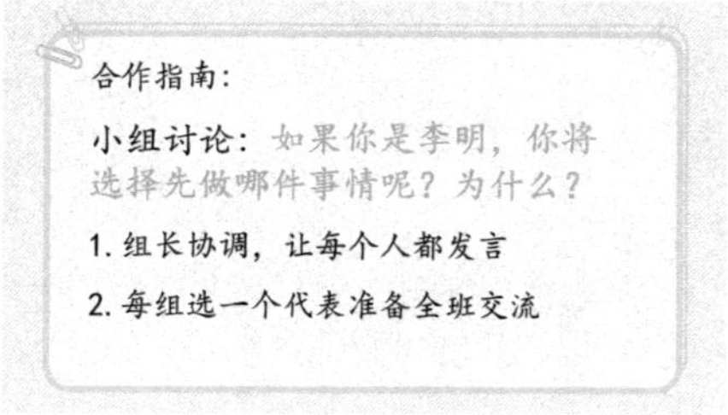

根据学习指南，小组合作讨论：如果你是李明，你将如何安排做这几件事情的顺序？为什么？

（合作小组交流）

3. 教师点拨小结

做事情要区分轻重缓急，重要且紧急的事情首先做，重要不紧急的事情可晚一会做，紧急不重要的事情可以寻求别人帮着做，不重要不紧急的事情可以不做或以后再做。若同时有多件事摆在面前，应根据每件事的重要和紧急程度，合理安排时间。

通过大家的智慧，我们帮李明解决了难题，同时也为自己以后生活中怎样合理安排时间，找到了解决问题的方法。给我们自己鼓掌加油！

设计意图：通过课堂案例分析，让学生进一步掌握时间四象限法，提高他们解决实际问题的能力，知道在面对好几件事情的时候，要分清事情的轻重缓急，以便更好安排完成事情的顺序，达到节约时间、珍惜时间的目的。

（四）解决实际问题

1. 提出问题

说到时间管理，在班级中，还有一部分同学似乎面临相同的烦恼：时间一直不够用，作业总做不完。

① 看视频，找苦恼。我们看一个短片，来了解一下。

（出示视频，学生交流视频中同学的苦恼）

② 生活中的苦恼。视频中，这个同学的苦恼你遇到过吗？你们身边还有哪些苦恼？

（学生交流学习生活中自己或同学遇到的苦恼）

家庭作业完不成，第二天既要写课堂作业，又要补写家庭作业。

家庭作业胡乱完成，错误率比正确率还高，第二天改错特别多。

家庭作业速度慢，经常熬夜。

课堂作业出错多。

2. 出谋划策

按照刚刚我们学习的关于时间管理的意义和方法，给这些同学支支招。(指生回答)

同学们提出了这么多切实可行的意见和建议，大体梳理如下。(课件出示)

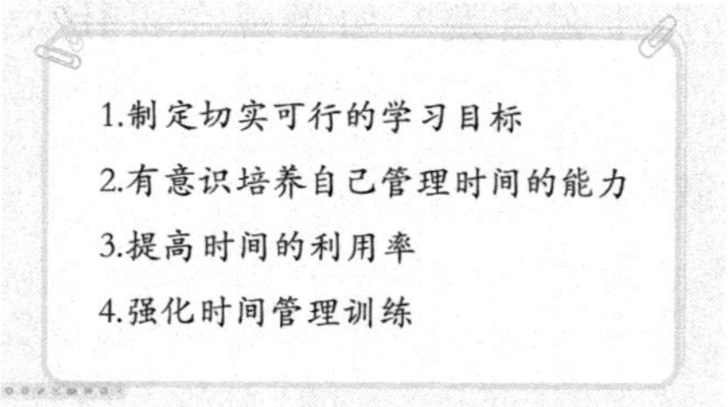

设计意图：利用身边同学真实存在的学习困惑，让学生进一步认识到管理时间的重要性，培养学生解决问题的能力。这一步设计，对于学困生来说意义重大，这部分同学面对平日的学习困惑，他们总是找不到方法解决。学习时间管理的方法和妙招之后，他们会找到自身问题的原因，而同学们的建议，也非常具有指导意义，对于帮助他们解决学习困难有非常大的帮助。

(五) 延伸活动

1. 观看吉尼斯纪录

你们知道吗？一分钟鼓掌还有吉尼斯世界纪录呢，大家想不想一睹世界冠军的风采？

(播放 2014 年吉尼斯一分钟鼓掌世界纪录布莱恩的视频)(学生观看视频)

布莱恩2014年以每分钟鼓掌804次打破世界纪录;美国音乐家以每分钟鼓掌1020次刷新了纪录;美国一个叫迈尔密的10岁小男孩以每分钟鼓掌1080次的数字又一次创造了这个神话般的世界新纪录!这些世界纪录的保持者们真的是把这一分钟运用到了极致!

2. 再次体验鼓掌

观看视频后你受到什么启发?如果现在再让大家鼓一次掌,你会怎么做?

(学生回答,再次鼓掌)

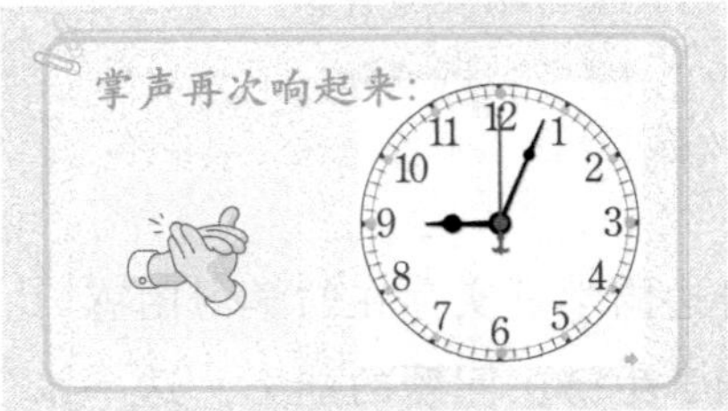

3. 谈收获

同学们,课堂进行到这里,老师觉得大家的收获都不小,是吗?(学生回答)

谁来分享一下自己的收获?(指名学生回答)

4. 课堂总结

亲爱的同学们,时间看起来似乎都一样,每个人的一天都是24小时,其实每个人的24小时的有效使用长度完全不一样,要干好一件事情,心思、力气、时间都要往这一件事上花,才算是有效时间。

希望通过这节课的学习,大家能真正认识到时间管理的重要性,也希望大家在今后的学习中,能运用今天所学习到的时间管理法,管理自己的时间,做时间的主人。

五、班会反思

本次主题班会,由于在上课之前我对学生进行了实地观察与调研,所以在备课时设计的教学环节都是围绕学生的实际生活展开的。在课堂上,重在让学生参与体验,在体验中,让学生知道了一分钟我们可以做很多事,让学生认识到管理时间、珍惜时间的重要性。

体验就是最好的教育，如果单纯靠说教，让学生认识一分钟可以做很多事情比较抽象，但是当课堂上学生亲身体验过一分钟鼓掌的艰难程度之后，他们就会切身体会到一分钟的重要性，从而引发珍惜时间的思考，也就有了管理时间的意识。

时间四象限理论的学习与应用是这一节课的学习重难点，通过这一理论的学习，学生能够学会在面对很多事情的情况下，要按照事情的轻重缓急来安排做事情的顺序。但是在课堂上，学生对时间四象限中二、三象限的辨别还存在误差，由于课堂时间限制，导致这一环节没有足够的时间来让学生练习分辨“重要不紧急”和“紧急不重要”这两个象限的代表事例，如果想让学生真正掌握区分四象限中的二、三象限事例，还需要在以后的教学中进行巩固和练习。

学会倾听

王玉香

一、背景分析

（一）学情分析

新一轮课程改革的核心理念是“为了每一个学生的发展”，它要求我们的教学必须面向全体学生。为此，教学活动必须建立在学生的认知发展水平和已有的知识经验基础之上。在学习和人际交往中，倾听是十分重要的课题。学会倾听能让学生善用自己的耳朵，将知识理解得更深刻，能让他们在人际交往中学会尊重别人。针对这样的学情，我设计了本节课。

（二）主题解析

学会倾听是一种非常重要且有效的学习能力。随着自我意识的逐渐强烈，学生开始寻求个性的彰显，所以在课堂学习中、与他人的交往中，常常会以自我中心，急于表现自己。例如，不会倾听，不能在倾听中获取更多的知识，常常因为课堂上不知道怎么听老师讲课而学习成绩上不去；不能在倾听中得到深厚的友情，常因不会倾听而与他人闹别扭，不被理解。本次班会以人为本，强调自我体验，通过课前问卷调查总结出学生中普遍存在的倾听问题，继而通过游戏、讨论等活动形式，帮助学生对不合格倾听行为进行认识，引导学生学会倾听，做一个合格的倾听者，从而能够更好地投入学习，更好地与他人相处。

二、班会目标

（1）让学生学会倾听老师以及他人的发言，养成良好的倾听习惯。

（2）让学生感受到倾听是一种美德，是一种艺术，更是一个人良好素质的体现。

（3）让学生意识到听不仅要用耳，而且要用心。

（4）让学生掌握一些倾听技巧。

三、班会准备

（1）学生准备：提前准备故事，排练小品《“竹竿”和“猪肝”》。

（2）教师准备：多媒体演示文稿，背景音乐。

四、班会过程

（一）游戏热身，激趣导入

1. 谈话引入

“上帝给我们两个耳朵，而只给我们一张嘴巴”，你们知道这是为什么吗？——对啦，因为上帝想要我们学会多听少讲。

2. 游戏导入

既然上帝想要我们学会多听少讲，那么我们就来做一个关于听的游戏。请看游戏规则：

每组第一位记住发下去的句子，听到“开始”后，小声传给身后的同学，后面的同学听清楚后，小声传给下一位同学，最后一位同学把听到的话写到黑板上。看看哪个小组既快又准。

注意：① 听话的时候，只能听，不能说话，可以用动作、眼神交流；② 注意音量，不要让旁边的同学听见。

组内讨论：为什么同样的话有的组传得快，有的组却传得慢呢？

预设：有的同学在说的时候声音太小了，我们都听不清楚。

预设：我们不够团结，别人在说的时候，我们不够注意认真仔细地听，所以传慢了。

是啊，通过这个游戏我们体会到了：会倾听是多么的重要啊，所以，今天我们的主题班会是“学会倾听”。

设计意图：这一环节通过课前游戏导入，让学生体验到不同的倾听方式带来的结果是不一样的，从而引入本节班会课的主题：学会倾听。

（二）沉浸体验，深悟倾听

1. 讲故事《出人意料的回答》

首先我们一起来听一个故事。

这个故事叫《出人意料的回答》。美国主持人林克莱特有一次做节目时问一个孩子：“长大后你想做什么啊？”“我要开飞机！”林克莱特接着问：“如果有一天，你的飞机飞到太平洋上空，燃料用完了，你会怎么办？”孩子想了想，说：“我会先告诉坐在飞机上的人系好安全带，然后我挂上降落伞跳出去。”现场的观众听后笑得东倒西歪。没想到，现场的笑声却把孩子弄哭了。于是林克莱特问他：“你为什么要这么做？”孩子的答案出人意料：“我要去拿燃料，我还会回来的！”

课件出示：

> 活动指南：
> 1. 想一想：听完这个故事，你有什么想法，有什么启发。
> 2. 把你的想法和启发在组内有序交流。
> 3. 每组选一名代表发言。

总结：看，这就是倾听的艺术，听话不要听一半。还有，不要把自己的意思，投射到别人所说的话上。听话要听完整，否则会误解别人的意思，给别人造成伤害。

2. 表演小品《“竹竿”和“猪肝”》

现在我们都意识到倾听的重要性，如果不懂得倾听，会闹出什么笑话吗？现在请欣赏作品《“竹竿”和“猪肝”》，掌声有请。

在某连队，一日，连长将士兵叫到办公室："你去市场给我买三根竹竿！""是"，士兵痛快地答应了。时值下午，士兵气喘吁吁地跑到菜市场，他来得太晚，市场上卖猪肝的绝大部分都收摊了，只有一家正在收拾着。"老板，你这还有猪肝吗？"士兵问。

"有呀"，老板心中一阵高兴，因为所剩猪肝已经两天没卖出去了，正准备扔掉呢。"够三斤吗"，士兵又问。"有的，有的"，老板熟练地称了起来，"哈哈，三斤半，这样吧，我看你是真买，这些猪肝全给你了，价格呢，我再给你优惠，怎么样？"

"谢谢老板，你可让我交差了！"士兵很感谢老板。

"光买猪肝哪行呢，你想，领导喝酒时再来点凉菜不更好。得了，我这里还有两个猪耳朵，一并卖给你，领导肯定说你会办事。""好的，好的，还是你想得周到，这一下，我可立大功啦。"士兵向老板敬了个礼，一溜烟地回到了连队，将猪肝和耳朵放在了冰箱里，等待着连长的夸奖。

快下班时，连长将士兵叫到办公室，"我让你买的竹竿呢？""报告连长，我放到冰箱里了。"士兵高声回答。

"什么，怎么能放冰箱里呢，我让你买的是三根竹竿，你买什么啦？""三斤猪肝呀，你要的！"士兵满脸不解。

"我让你买三根竹竿搭帐篷用，你买猪肝干什么？耳朵哪去了？"

"报告连长，您真英明，耳朵放冰箱里去了！"

请同学们交流一下小品中为什么会闹出笑话呢？

（同学们自由发表自己的看法）

总结：看来，无论是没听清楚，还是没听明白，都会闹出笑话。因此，听话要听清，听话要听明，十分重要！

3. 情景体验

课件出示：

情景体验：
我们的生活中总是不经意出现很多的不良倾听行为，那么下面，请同学们两人为一组，轮流互换PPT上面的四个情景的角色，假想发言者的心情。

(列举一些生活中、课堂上不经意出现的不良倾听行为,让学生假想发言者的心情,用换位思考的方式让他们明白良好的倾听是对自己、对别人的一种尊重)

情景一:别人发言时,自己忙着叠纸飞机。

情景二:老师在讲课,有两个学生在说话。

情景三:别的同学发言时,有一个同学不等别人说完,就抢着发言。

情景四:有位同学在给大家讲故事会,有一位同学在忙着画画。

同学们通过情景假想,感受到什么呢?

(同学们自由发表自己的看法)

设计意图:通过三个活动,讲故事、演小品、情景体验,让学生以不同的方式沉浸式体验不认真倾听造成的后果,从而对认真倾听有更加重要的体悟。

(三)头脑风暴,认识倾听

那么,什么样的行为是良好的倾听表现呢?

1. 小组讨论,合作填写表格

良好倾听行为的表现
眼神:
表情:
坐姿:
言语:

2. 全班交流,达成共识

倾听可不只是左耳朵、右耳朵的事,眼睛、嘴巴、四肢、大脑都要一起来听。

良好倾听行为的表现
眼神:保持适当的目光接触。
表情:适当的微笑、肯定的点头、配合说话内容的表情。
坐姿:身体面向说话者,适当的安抚;不做其他事情。
言语:适当的语调;适当的音量;别人讲完再说。

同学们,刚才我们已经探讨交流了良好倾听行为的表现,其实倾听还有

一些技巧呢，我们一起来看看。

课件出示：

> 倾听的小技巧：
> 1. 专心（认真听，不分心，集中注意力）
> 2. 耐心（不轻易插话）
> 3. 会心（给予适时的回应，鼓励对方说下去引申话题）

倾听是一种重要的学习方式，通过倾听可以利用别人的智慧帮助自己解决问题。此外，倾听也是一种礼貌，表示对说话者的尊重。希望同学养成良好的倾听习惯，倾听时做到专心、耐心和会心，不随便分心插话，做个合格的倾听者，从而提高自己人际交往的魅力，也让自己在倾听中收获更多的知识、友谊等宝贵的人生财富。借这个机会，老师还想告诉大家一些倾听中应避免的不良习惯：

① 身子不停地转来转去或不停地变换姿势——什么时候可以结束啊。

② 随意插话、抢话——你说的我都知道了；你的意见我不在意。

③ 东张西望——你可不可以不要再说了。

④ 转笔——真有些无聊。

同学们，如果你有以上的不良习惯，以后可要改正啊。通过以上的学习，我相信每个人都有很深的感受，接下来我们就写下自己的心声吧。

3. 写下内心的声音

给每一位同学发一张小卡片，写下对这次班会的感受，并写下希望自己以后应该怎样去倾听周围的人的声音。

（四）学习反思，收获成长

同学们，通过今天的主题班会的学习，老师感觉受益匪浅，我自己也深受启发。我知道倾听不仅仅是获取信息的学习方式，也不仅仅是一种重要的学习习惯，更是一种修养，一种尊重。

让我们一起约定，在课堂上我要做到：

认真听老师讲课；

认真听同学发言；

不打断别人说话；

不做与课堂学习无关的事情。

在生活中我要做到：

学会倾听，才能感觉到别人信任的眼光；

学会倾听，才能看到他人真诚的笑容；

学会倾听，才能体会到他人心灵的美丽；

学会倾听，才可以从诉说者那里获得宝贵的馈赠，这就是温暖的信任和支撑。

所以，我们要努力做一个善于倾听的人。最后送给同学们一句话：善于倾听是世界上最美的动作。祝愿每位同学都能因为懂得倾听而变得更加美丽、幸福！让倾听成为一种习惯！学会倾听，收获信任，收获友谊，收获快乐，收获幸福！

五、班会反思

在本次主题班会上，我把时间充分地留给学生去活动、讨论、思考。根据新课标的要求，首先通过游戏引入、讲故事、表演小品等多种形式让学生认识到学会倾听的重要性，然后让学生思考探究怎样的倾听行为才是合格的倾听。接着让学生以小组为单位合作交流，从而交流总结出良好的倾听行为，我也适时地给学生提供倾听小技巧。上完这节课，学生们认真的评论、演练时专注的神情在我的脑海里不断地重现，挥之不去。我相信，通过这样一节真实的主题班会活动课，学生知道了倾听对于人际交往的重要性，学会了如何倾听，这就达到了活动预设的目标。

上完课之后，我悟出了一个道理：看似简单的一节课，实则需要精心的设计。这节班会课，有一条贯穿始终的引导学生的主线，教师在课堂上才能从容不迫地充当引导者，整个教学过程才能非常流畅地完成，最终取得水到渠成的效果。这条主线的设计还要注重启发学生的思维，激活学生的感受。这样，课堂平淡的背后才有了学生思维火花的喷发、内心热情的燃烧以及深刻的感悟。

做情绪的主人

刘　霞

一、背景分析

（一）学情分析

六年级学生处于青春期初期，自我意识显著增强，具备较强的独立思考能力和批判性思维，求知欲与好奇心旺盛。然而，其情绪易受学业成绩波动、同伴交往问题或校园不公平事件影响，易产生愤怒等强烈反应。此阶段学生普遍缺乏有效情绪调节策略，需引导其掌握科学管理方法。

（二）主题解析

本次班会以“做情绪的主人——管理情绪”为主题，引导学生认识情绪调节的重要性，辨识情绪状态，学习实践管理策略，提升心理韧性。

二、班会目标

认知目标：辨识积极情绪与消极情绪对身心、行为的影响。

技能目标：学习情绪调节的有效方法与策略（如认知重评、放松技巧）。

发展目标：培养科学管理情绪的能力，理解情绪对身心健康、学业发展、人际关系的深层影响。

三、班会准备

学生准备：参与排练与情绪主题相关的故事短剧。

教师准备：① 制作教学课件，设计课堂学习单；② 查阅、收集情绪管理相关方法、案例及故事素材；③ 组织学生录制教学辅助视频。

四、班会过程

（一）热身活动：情绪初体验

1. 情绪表演大比拼

同学们，让我们通过一个热身游戏开启今天的班会。

游戏规则：两人一组，一人用面部表情和身体动作表演与情绪相关的成语，如眉开眼笑、怒发冲冠、愁眉苦脸、惊慌失措、手舞足蹈、咬牙切齿、唉声叹气、不寒而栗，另一人根据表演猜成语。表演者不能说出成语中的任何字或提示读音。

游戏结束后进行简短的现场采访。提问参与学生："参与游戏时你有哪些感受？当猜不出来时心情如何？"（引导学生分享游戏过程中产生的不同情绪体验）

2. 画脸谱，识情绪

邀请学生上台画出代表"喜、怒、哀、惧"四种基本情绪的脸谱并进行表演。提问全班："观察这些脸谱，哪一种情绪状态让你感觉最舒服？"通过此环节，引导学生辨认并说出对应的情绪名称，初步了解情绪的概念及其基本类型。

（二）故事启思：积极心态的力量

喜悦属于积极情绪，愤怒、悲伤、恐惧则属于消极情绪。不同的情绪状态，对生活、学习产生的影响截然不同。请听故事。

学校组织春游，在过水面游戏环节，一位女同学看到大家陆续通过，在水边犹豫许久，心想："如果我掉进水里就糟了，大家肯定会笑话我。"但看到前面一位体型较胖的男同学也成功通过，她鼓起勇气尝试，结果“扑通”一声掉入水中，水没过了膝盖。同学们忍住笑将她拉上岸。没想到她笑着说："太好了！我终于体验掉进水里的感觉了，真凉快！”说完和大家一起笑起来。之后，每走一步，她的鞋子都发出“咕叽咕叽”的声音，她反而神气地说："太好了，走路有‘乐队’伴奏啦！”整个过程中，她丝毫没有沮丧。

思考与讨论：同学们，听完这个故事，你明白了什么道理？（引导学生感悟积极心态如何转化负面事件和情绪）

（三）放飞好心情

情绪状态对个人的成长与发展至关重要。那么，我们应如何摆脱不良情绪，成为情绪的主人呢？请以小组为单位进行讨论交流。

1. 回忆倾诉

请同学们回忆在过去生活中，曾遇到哪些引发消极情绪（如愤怒、悲伤、焦虑、委屈）的事情？请简要分享。（教师总结：生活中难免遇到不愉快的事——失败、委屈、误解、人际关系困扰等，都会带来负面情绪体验。学会将“不快乐”转化为“快乐”是一项重要的能力。）

2. 故事启思，转换视角

讲述经典故事：一位老奶奶有两个儿子，大儿子卖雨伞，小儿子卖草帽。雨天，她愁小儿子的草帽卖不出去；晴天，她又愁大儿子的雨伞卖不出去，因此天天闷闷不乐。

提问：同学们，你能让老奶奶开心起来吗？

（引导学生思考：只需转换看待问题的角度——“雨天，大儿子生意好；晴天，小儿子生意好”，就能改变心情。快乐与否，往往只在一念之间）

3. 放飞烦恼，分享妙招

请将一件曾令你不快乐的事情，简要写在彩色纸上。

将彩纸折成纸飞机。

待所有同学完成折叠后，全体向教室前方空旷区域统一放飞纸飞机（象征性动作，需提前强调安全），寓意“放飞烦恼”。

同桌交流，互相分享，在过去的生活中，你用过哪些好方法来调整自己的情绪？

（学生可能提到的方法：向信任的人倾诉、适度哭泣宣泄、闭目静心、深呼吸、积极心理暗示/换位思考、听音乐、运动、数数法等。）鼓励学生分享个人验证有效的独特方法。

4. 互助解忧，传递快乐

随机捡起几架“烦恼飞机”。四人小组讨论，针对纸上写下的烦恼，结合刚才学到的方法或自身经验，提出积极的应对建议或想法，将快乐和智慧传递给同学。

（四）情绪温度计

同学们，学会做情绪的主人！让“情绪温度计”成为我们管理情绪的小帮手。

教师简要介绍“情绪温度计”的概念、制作思路（如用不同颜色或数值代表不同情绪强度）及使用方法（定期自评情绪状态，及时觉察并干预）。

学生动手设计属于自己的个性化“情绪温度计”。

小组内交流展示各自的设计，分享设计理念和使用计划。

（五）畅谈收获，总结升华

1. 畅谈收获

班会接近尾声，相信大家都有不少收获。谁愿意分享一下自己的感悟或学到的新方法？（邀请多名学生发言）

2. 课堂总结

亲爱的同学们，希望通过本次班会，大家能深刻认识到管理情绪的重要性。在今后的学习和生活中，积极运用今天学到的方法——无论是转换视角、倾诉宣泄、放松训练，还是借助“情绪温度计”自我觉察——去科学地认识、接纳并调节自己的情绪，真正成为情绪的主人，拥抱更加健康、快乐、积极的成长之路！

五、班会反思

本次“做情绪的主人”主题班会，选题贴近学生生活实际，契合六年级学生青春期心理发展特点，整体推进自然顺畅，学生参与度高。

(1) 突出学生主体性。通过情绪表演、画脸谱、讨论分享、放飞纸飞机、设计情绪温度计等环节，充分调动学生积极性与参与度，体现了学生在活动中的主体地位。

（2）注重情境引导与认知建构。运用故事、情景案例（春游落水、老奶奶的烦恼）等，引导学生从感性体验出发，逐步深化对情绪及其管理的理性认知，实现从生活经验到理论认知的升华。

（3）强化行为指导与实践应用。班会核心在于方法的习得与应用。通过回忆倾诉、分享妙招、互助解忧、设计工具等环节，学生不仅学习了多样化的情绪调节策略，更在互动实践中尝试运用，将知识转化为行动力。

班会结束后，学生普遍反馈体验轻松愉悦，课堂氛围开放包容，连平时较为沉默的同学也积极参与互动，整体效果良好。后续可考虑引导学生将“情绪温度计”用于日常情绪记录与管理，形成长期习惯。

心系国防　强国有我

徐　蕾

一、背景分析

（一）学情分析

孩子们生活在一个幸福繁荣的时代，更应该让他们了解国防，知道国防的知识，帮助他们树立国防观念，增强社会责任感，从而培养爱国感情，为身为中国人而自豪。让学生不再将爱国看作一句口号，通过爱国主义国防教育主题班会引导学生增强社会责任感，深刻理解爱国的意义，知道爱国对于学生而言的具体表现和做法是什么，从而引导学生知道爱国要有责任意识、爱国要努力学习、爱国要锻炼好身体等。

（二）主题解析

选择“心系国防，强国有我”爱国主义国防教育主题班会，是因为学校近几年一直在带领全校师生进行关于国防教育的校本课程的研究，学校还拥有独具特色的爱国主义国防教育展厅。青岛市第 23 个全民国防教育日启动仪式暨创建全民国防教育示范点现场观摩会，在我们胶州市北京路小学成功举办，以此为契机，对学生进行“心系国防，强国有我”的爱国主义国防教育，更能激发学生的责任感和爱国情怀。

二、班会目标

（1）让学生了解关于国防的相关知识。

（2）通过爱国主义国防教育，培养学生的爱国感情，为身为中国人而自豪，激发学生的责任感，从现在做起，为祖国的强大而努力学习、锻炼身体、强大自我。

（3）通过开展国防教育，学生增强国防观念，掌握基本的国防知识，激发爱国热情，通过具体的做法和行为要求，自觉履行少年儿童的国防义务。

三、班会准备

（1）学生准备：小组合作搜集关于国防的相关知识。

（2）教师准备：青岛市第 23 个全民国防教育日启动仪式暨创建全民国防教育示范点现场观摩会视频。

四、班会过程

（一）观看视频，激趣导入

教师播放胶州市北京路小学举行青岛市第 23 个全民国防教育日启动仪式暨创建全民国防教育示范点现场观摩会的视频。视频播放后，教师引导学生：“同学们，我们的国防教育得到了人武部门和宣传部领导的认可和专业的认证，看了这个视频大家有什么想说的？”

学生生成：

预设 1：非常的震撼！

预设 2：我们学校非常重视国防教育！

预设 3：越来越多的人关注到国防教育了！

预设 4：我特别喜欢同学们制作的模型！

预设 5：我们国家的军事设备非常的强大！

预设 6：我们的国家越来越强大！

预设 7:我非常的自豪,我是中国人,我们的祖国非常强大!

教师小结:同学们说得都非常好,这节课我们一起走进“心系国防,强国有我”的爱国主义国防教育主题班会。

设计意图:让学生通过视频,了解到我们学校成功举行青岛市第 23 个全民国防教育日启动仪式暨创建全民国防教育示范点现场观摩会,让学生知道越来越多的人关注国防,我们的祖国越来越强大,增强国防教育,培养学生的爱国感情,为身为中国人而自豪。

(二) 课前整理,组间交流

国防知识知多少。让学生以小组为单位,汇报课前搜集、整理的国防知识。

教师引导学生:同学们,关于国防知识,你都了解哪些呢?(板书:国防知识)课前我们已经让同学们以小组为单位合作搜集、整理关于国防的相关知识,哪个小组想先来和同学们分享?

组 1:我们把搜集的内容制作成了课件,请大家看大屏幕。我们组整理的是关于国防的内容。(板书:国防)国防:国防是指国家为防备和抵抗侵略,制止武装颠覆和分裂,保卫国家主权、统一、领土完整、安全和发展利益所进行的军事活动,以及与军事有关的政治、经济、外交、科技、教育等方面的活动。国防建设:国防建设是指为国家安全利益需要,提高国防能力而进行的各方面建设,包括武装力量建设、人力动员准备、战场准备、战略物资储备、国防事业建设、国防科学技术研究、对人民群众进行国防教育和军事训练等。

我们还整理了:国防的指导思想、武装力量、国防资产、国防义务、国防交通、国防交通运输、国防交通保障、国防动员的方针和原则、国防潜力调查、战略物资储备与调用等相关知识,我们会把这些内容做成简报的形式张贴在宣传栏供大家学习。

国防的指导思想:国防坚持以马克思列宁主义、毛泽东思想、邓小平理论、“三个代表”重要思想、科学发展观、习近平新时代中国特色社会主义思想为指导,贯彻习近平强军思想,坚持总体国家安全观,贯彻新时代军事战略方针,建设与我国国际地位相称、与国家安全和发展利益相适应的巩固国防和强大武装力量。国家武装力量由中国人民解放军、中国人民武装警察部队、民兵组成。它的任务是巩固国防，抵抗侵略，保卫祖国，保卫人民的和平劳动，参加国家建设事业，全心全意为人民服务。国家为武装力量建设、国防科研生产和其他国防建设直接投入的资金、划拨使用的土地等资源，以及由此形成的用于国防目的的武器装备和设备设施、物资器材、技术成果等属于国防资产。国防资产属于国家所有。禁止任何组织或者个人破坏、损害和侵占国防资产。保卫祖国、抵抗侵略是中华人民共和国每一个公民的神圣职责。依照法律服兵役和参加民兵组织是中华人民共和国公民的光荣义务。中华人民共和国公民应当依法履行国防义务。一切国家机关和武装力量、各政党和各人民团体、企业事业组织、社会组织和其他组织，都应当支持和依法参与国防建设，履行国防职责，完成国防任务。企业事业组织和个人应当按照国家规定在与国防密切相关的建设项目中贯彻国防要求，依法保障国防建设和军事行动的需要。国防交通是指以满足国防需要为目的，在铁路、道路、水路、航空、管道以及邮政等交通领域进行的规划、建设、管理和资源使用活动。国家以大中型运输企业为主要依托，组织建设战略投送支援力量，增强战略投送能力，为快速组织远距离、大规模国防运输提供有效支持。县级以上地方人民政府和相关企业事业单位，应当根据国防运输的需要提供饮食饮水供应、装卸作业、医疗救护、通行与休整、安全警卫等方面必要的服务或者保障。军队根据需要，可以在相关交通企业或者交通企业较为集中的地区派驻军事代表，会同有关单位共同完成国防运输和交通保障任务。国防交通专业保障队伍由企业事业单位按照有关规定组建。县级以上人民政府交通主管部门和有关军事机关、国防交通主管机构应当根据需要，组织相关企业事业单位开展国防交通专业保障队伍的训练、演练。国防交通专业保障队伍执行国防交通工程设施抢修、抢建、防护和民用运载工具抢修以及人员物资抢运等任务，由县级以上人民政府国防交通主管机构会同本级人民政府交通主管部门统一调配。国防动员是指国家的主权、统一、领土完整、安全和发展利益遭受威胁时，依照国家的宪法和法律规定，进行全国总动员或者局部动员，包括武装力量动员、国民经济动员、交通运输动员、人民防空动员等。国防动员坚持平战结合、军民结合、寓军于民的方针，遵循统一领导、全民参与、长期准备、重点建设、统筹兼顾、有序高效的原则。县级以上人民政府统计机构和有关部门应当根据国防动员的需要，准确及时地向本级国防动员委员会的办事机构提供有关统计资料。提供的统计资料不能满足需要时，国防动员委员会办事机构可以依据国家有关规定组织开展国防动员潜力专项统计调查。国家实行适应国防动员需要的战略物资储备和调用制度。承担战略物资储备任务的单位，应当按照国家有关规定和标准对储备物资进行保管和维护，定期调整更换，保证储备物资的使用效能和安全。战略物资按照国家有关规定调用。

教师小结：感谢你们小组带来了这么多关于国防知识的分享。哪个小组想再来分享？

组 2：我们组汇报的内容是关于国防教育的。（板书：国防教育）请看我们做的思维导图。

国防教育是为捍卫国家主权、领土的完整和安全，防御外来侵略、颠覆威胁的建设与斗争，对全民传授与国防有关的思想、知识、技能的社会活动。

国防教育的原则：国防教育贯彻全民参与、长期坚持、讲求实效的方针，实行经常教育与集中教育相结合、普及教育与重点教育相结合、理论教育与行为教育相结合的原则。

国防教育的目的：通过开展国防教育，公民增强国防观念，掌握基本的国防知识，学习必要的军事技能，激发爱国热情，自觉履行国防义务。

教师小结：你们知道的可真多，还有小组想分享吗？

组 3：我们组还了解到每年 9 月的第三个星期六是全民国防教育日。（板书：国防教育日，每年 9 月的第三个星期六）

教师小结：国防教育日是国家设定的对全民进行大规模国防教育的主题活动日，是群众性国防教育活动的形式之一。还有哪个小组想分享？

组 4：我们组在邹锐老师的带领下，又一次走进了我们的爱国主义教育展厅，请同学们跟随着我们的视频，一起走进神秘基地。

教师小结：感谢同学们的精彩分享，让我们对国防知识有了更深层次的了解，请把掌声送给每一位同学。

设计意图：让学生通过搜集、整理国防的相关知识，增强自身的国防观念，掌握基本的国防知识，从而增强爱国热情，为少年儿童更好地自觉履行国防义务打好坚实的知识和情感态度基础。

（三）心系国防，强国有我

教师引导：孩子们，心系国防，强国有我，大家是不是觉得国防是大人的事情，是军人的事情，和我们没有关系呢？不是的，天下兴亡，匹夫有责。那作为新时代的少年，我们应该做些什么才能为国防事业做贡献，才算爱国呢？请大家小组合作，说一说，写一写。做好汇报交流的准备。

教师引导：同学们讨论得非常热烈，哪位同学代表你们小组来说说你们的想法？

预设1：我们小组认为我们应该努力学习。（板书：努力学习）我们觉得，作为少先队员，作为一名学生，首要的任务就是好好学习，多读书，用知识来武装好自己。

教师小结：说得真好，少年读书正当时。还有补充吗？

预设2：关于读书我还想说，读书不光是要读课本，各种类型的书籍都要读，我就特别喜欢读军事类的书籍。

教师小结：爱读书的好孩子。哪个小组还想说？

预设3：我们小组认为应该培养强烈的责任感。（板书：责任感）

教师引导：对自己负责，对他人负责，对集体负责，对国家民族负责，这才是真正的爱国。那该如何培养责任意识呢？会不会存在着这样的想法呢？地上有一团纸，不知道是谁扔的，也没人捡起来。教室里的灯开着没人管，校园里看到水龙头哗哗地流水也没人管，教室公共卫生区脏了，只要今天不是我值日，我就不管。只要这些事情不是我做的，我就可以理直气壮地不管。那我们该怎么做呢？

预设4：把它当成自己的事情去做。

教师小结：只要我们把它当成我们每个人的责任，班级卫生搞不好，是我的责任；学校秩序不好，是我的责任；国家不强盛是我的责任，人人都能主动负责，我们的人民会越来越团结，我们的国家会越来越兴盛。

教师引导：还有哪个小组想来分享？

预设5：我们小组认为应该锻炼好身体，学习一些军事技能。（板书：锻炼身体、军事技能)只有好的身体,才能建设祖国、保卫国家。

教师小结:有个健康的体魄是非常重要的,希望同学们能每天坚持锻炼身体,提高自己的身体素质,同时也可以学习一些简单的军事技能。

教师小结:同学们说得都非常的对,其实好好读书、锻炼身体就是责任感的体现。只要我们把每一件小事做好,把应该做的事情做好,有责任,有担当,就是为国防事业做贡献,就是爱国。

设计意图:通过小组合作的形式,讨论新时代的少先队员可以为祖国的国防建设做哪些事情,从而增强学生的国防观念,激发学生的爱国热情,更好地履行国防义务。

班会后延伸教育活动:希望今天的班会课能给大家带来不一样的收获,课后希望同学们可以通过开展采访军人叔叔、退役老红军战士等实践活动,向他们了解少年儿童可以为我们的国防事业做哪些事情。

五、班会反思

本次班会课的主题是开展爱国主义国防教育,通过一节课的活动,学生增强了国防观念,了解并掌握了基本的国防知识,激发了爱国热情。特别是小组讨论,集体交流了具体做法和行为要求,为学生自觉履行少年儿童的国防义务做了具体的要求。我想最终的目的就是让学生明白、把小事做好,把应该做的事情做好,有责任,有担当,就是为国防事业做贡献,就是爱国。

童心向党　强国有我

纪倩倩

一、背景分析

（一）学情分析

四年级的学生热爱党，热爱祖国，有较强的集体荣誉感，对党史、新中国史有一定程度的了解，但受社会阅历的影响和阅读量的限制，对我党革命、发展、建设过程中的背景及深层次原因掌握不深，需要进一步加强爱党爱国教育，激发爱党、爱国、爱社会主义的信念，并进一步产生社会责任感和使命感。

（二）主题解析

2021 年是中国共产党成立 100 周年。为了让学生了解四史，激发爱党、爱国、爱社会主义的信念，并进一步产生社会责任感和使命感，开展此次《童心向党，强国有我》的主题班会。

二、班会目标

(1) 引导学生了解党史,学习共产党人的艰苦奋斗精神,感受现在美好生活的来之不易。

(2) 帮助学生认识到只有坚持中国共产党的领导才能让祖国越来越强大。

(3) 提升学生对党的感恩之情,激发爱党、爱国、爱社会主义的信念,并一步产生社会责任感和使命感,树立永远跟党走的信念和决心。

三、班会准备

(1) 学生准备:搜集有关武工队的故事。

(2) 教师准备:① 录制参观介绍武工队纪念馆的视频;② 组织四位同学朗诵;③ 组织学生录制教学视频。

四、班会过程

(一) 了解党史,走进武工队

(1) 教师引导:同学们,2021 年是中国共产党建党 100 周年。100 年英勇奋斗,我们党从小到大,从弱到强,从 1921 年成立时的 50 多名党员,发展到 2018 年年底的 9000 多万名党员。中国共产党的凝聚力、战斗力不断增强,始终保持旺盛的生机活力,成为领导社会主义革命和建设的核心力量。

(2) 教师引导:我们现在所在的这个地方叫武工队纪念馆,是我们学校为庆祝建党 100 周年而建的,是我们本土的红色文化基地。武工队是一支共产党领导下的武装队伍,让我们跟随红色教育学习班的王芯莲同学进一步了解武工队纪念馆。

(3) 学生看视频,谈感受。红色教育学习班王芯莲同学对武工队纪念馆进行解说。

听了介绍,你想对城阳武工队说些什么?

学生畅所欲言。

(4) 老师小结:在战火纷飞的岁月里,革命先烈抛头颅,洒热血。一段段感人的故事，载入了史册；一个个响亮的名字，深深地刻在了我们的脑海里。让我们走进《城阳武工队》书中，聆听我们身边革命先烈的故事……

设计意图：这一环节让学生身处武工队纪念馆，聆听武工队纪念馆里的故事。同学们纷纷感慨，在战火纷飞的岁月里，革命先烈抛头颅、洒热血。认识到只有坚持中国共产党的领导才能让祖国越来越强大。

（二）武工故事，缅怀先烈

（1）讲故事：有请我们红色教育学习班的汝雨欣同学来讲武工队的故事…… 学生认真听武工队的故事。

（2）补充：感谢汝雨欣同学的精彩讲解，听了这个故事，这是一位______的张守武？

（3）交流：你想对张守武说些什么？同位之间交流一下。

（4）追问：面对“快把我放下，我掩护你们”的张守武，你想说______？

面对把最后一颗手榴弹压在身下，高喊道“同志们永别了！”的张守武，你想说______？

面对仅仅26岁就牺牲的张守武，你想说______？

学生交流：表达对先烈的尊敬，学习先烈的精神。

（5）你还知道哪些革命先烈的故事？

设计意图：这一环节让学生讲武工队的故事，正是有了像张守武这样的英雄，才有了我们今天幸福的生活。这是真真实实发生在我们身边的故事，让学生感受到英雄的精神就是那不灭的灯芯，永远灿烂、永远感人，生生不息地教育着我们。

（三）谈理想，感恩党

（1）通过现在生活中的具体事例和案例，引导学生深入思考和理解爱国主义的内涵和意义，如中国女排精神、抗疫英雄等。

中国女排精神：中国女排在1981年首次参加世界杯女排比赛时，以全胜战绩夺冠，创造了世界女排历史上的奇迹。中国女排精神是一种顽强拼搏、不屈不挠、永不言败的精神，是中国女排在奋斗中形成的一种集体荣誉感和自信心。

抗疫英雄：2020年新冠疫情暴发后，全国各地的医护人员、公安干警、志愿者等奋战在一线，为抗击疫情做出了巨大的贡献。他们的英勇事迹，彰显了中华民族的团结和勇气，也体现了中华民族的爱国主义精神。

(2) 教师引导：在这个值得纪念的日子里，我们要抱有感激之心，感谢中国共产党带给我们繁荣富强的国家、幸福安逸的生活，让我们生活在和平时期。那么，我们作为学生，又该为我们的祖国、为我们的未来做些什么呢？请小组之间交流一下。

预设：通过自己的努力为祖国的发展做出贡献，学生可以通过自己的学习和实践，为祖国的发展做出贡献。比如，学习科技知识，为国家的科技创新做出贡献；积极参加志愿服务，为社会和人民群众做出贡献；学习和传承中华民族文化，为中华民族文化的传承和创新做出贡献等。通过交流活动，树立坚持共产党领导的信念。从自我做起，学会做人、学会求知，为建设美好的明天做准备。

设计意图：通过现在生活中的具体的事例和案例，再次激发学生的爱国、爱党之情。充满血泪的英雄事迹，时刻警示着我们——少年强则国强，祖国未来的安定和昌盛需要我们，所以，我们要努力汲取知识、强身健体，为成为祖国未来的栋梁时刻准备着！

(四) 树信念，歌颂党

(1) 诗歌朗诵：让我们通过一首诗歌表达对祖国、对党的热爱，坚定信念，永远跟党走，为建设美好的明天而奋斗。学生展示诗歌朗诵《中华少年》。

(2) 老师总结：正如诗中所说，今天，历史和未来将由我们焊接，时代的接力棒要靠我们相传，站在新的起跑线上响亮回答：少年要谱写中华更璀璨的诗篇！加油，少年！

(3) 做一次反思。静坐常思己过，闲谈莫论人非。请大家闭上双眼，静下心来，俯视自己的内心，作一次灵魂的反省自问。

① 我是否有爱党、爱国之心，忠于党、忠于祖国？

② 我是否以身作则，努力学习，积极进取，践行神圣使命？

好！请大家睁开眼睛。经过自我询问和沉思，我们更加了解自己。子曰：有则改之，无则加勉。在今后的学习和生活中，让我们一起爱党、爱祖国，努力学习，为中国梦的实现而努力奋斗！

设计意图：通过诗歌的朗诵，激发学生对祖国、对党的热爱。身为一名小学生，要树立远大的梦想，珍惜时间，努力学习，掌握知识，为实现中华民族伟大复兴的中国梦而努力奋斗；我们要充分感受党的温暖，响应党的号召，在成长过程要以共产党人的标准严格要求自己，奋发图强，为振兴祖国作贡献。

（五）延伸活动

开展优秀共产党员事迹分享会。

（1）同学们，课余时间，大家搜集了优秀共产党员的事迹，现在我们开始事迹分享会。

（2）首先为大家介绍的是心系百姓的拓荒者——廖俊波。（事迹在PPT中展示）

总结廖俊波式的干部，用自己的实际行动，诠释了公仆本色，传递着信仰，铸就共产党人的党魂。

（3）接下来为大家介绍的是家国栋梁——黄大年，一起来观看一段短片（视频播放）。

总结：黄大年同志是咱们民族历经苦难而不断迎来辉煌的道德脊梁，彰显出一个真正共产党人的纯洁与无私！

（4）还有“猫路”上的信使——赵月芳，我们身边的优秀共产党员、百姓心中的好民警——毛立争。

（5）今天，同学们为大家介绍了几位优秀共产党员的事迹，听了之后你想说什么？

学生小组讨论。他们来自不同的地域，从事不同的职业，但他们拥有同样坚定的信仰，秉持同样炽烈的赤子之心，焕发着同样昂扬向上的精神状态。他们很普通，从事着公务员、民警、科研、基层党务等再平凡不过的职业；但他们很不寻常，他们竭尽所能为群众办实事、解难题、谋福利，是群众心里名副其实的好党员。

老师小结：他们，让信仰之光照亮前行方向。他们，勇立潮头不负时代期望。他们，把党的宗旨熨贴在百姓心上。每一名党员模范，都在诠释不忘初心，在他们身上，有着这个群体共同的责任和情怀。

正因为中国有着千千万万个像廖俊波、黄大年、赵月芳、毛立争这样敢于有所作为，甘于无怨无悔的好党员，才凝聚成了中国浩然勃发的正能量，点燃了中国梦想的火焰，照亮了中国前行的道路。

五、班会反思

本次主题班会，在上课之前，我带领学生走进学校武工队纪念馆，为学生讲解武工队的故事，学生感受到原来战火硝烟的战争年代就在我们身边，我们身边正是有了像张守武这样的英雄，他们不畏苦难、顽强奋斗、无私奉献，才有了城阳人今天幸福的生活。这是真真实实发生在我们身边的故事。学生感受到英雄的精神就是那不灭的灯芯，永远灿烂、永远感人，生生不息地教育着我们。同时，学生认识到只有坚持在中国共产党的领导下才能让祖国越来越强大，培养学生感恩共产党之情。

竞争合作伴我成长

李　娟

一、背景分析

（一）学情分析

《中小学德育工作指南实施手册》一书第三章《德育内容》第五节《心理健康教育》中指出，要引导学生学会学习与适应社会生活，学习适应社会环境，积极主动融入社会；学习适应社会生活，形成健康的生活方式；学习适应社会角色，把握人生发展定位；学会适应社会变化，积极主动做出应对。其中，小学中高年级主要内容有一条是建立正确的角色意识，培养对不同社会角色的适应。我认为，这就要求学生学会处理与他人的关系，做到与周围同学积极、合理、友好地竞争，在竞争中激发自我的创造潜能，并要学会与周围同学团结合作，形成团队精神，获得共赢。没有合作的竞争，是孤单的竞争，孤单的竞争是无力的。合作是为了更好地竞争，合作越好，力量越强，成功的可能性就越大。在学习和生活中，勇于竞争和善于合作是我们最好的选择。

(二) 主题分析

竞争与合作是小学生在未来适应社会、立足社会不可缺少的重要因素。21世纪的成功将属于善于与他人合作共处的人。经济在飞速发展,人类生存面临着新的课题,各行各业都存在着激烈的竞争。有竞争才会有合作,有了合作才能达到双赢。当前,我们的学生大多娇生惯养,在家里以自我为中心,形成唯我独尊、自私自利等不良的行为习惯;在学校里表现得独来独往,碰到问题,不肯主动与别人合作,也不会与别人合作。当代青少年担任着中华民族伟大复兴的历史使命,为了推进实现中国梦,当代青少年必须懂得团结合作。因此,重视团队精神的激励与培养既是时代的要求,也是当前基础教育的重要组成部分。在学习和生活中要发挥各自的优势,与同学之间展开合理的竞争与友好的合作,从而促进自我的提升,同时也为将来走向社会打下良好的合作基础。

二、班会目标

(1) 认知目标:通过游戏和活动的展开,学生初步理解竞争和合作,知道合作的要素有哪些,从而懂得团结合作的意义。

(2) 情感目标:通过游戏和活动,学生学会担当,学会发扬团结合作的精神,从而形成良好的心理品质与为人品格。

(3) 行为目标:通过游戏和活动,调动学生合作的积极性,学生亲身感受到在竞争中合作带来的成功喜悦,学会如何通过团结合作以达到双赢的效果。

三、班会准备

(1) 学生准备:笔。

(2) 教师准备:课件、大绳、秒表、游戏用品、自制心愿树、便利贴等。

四、班会过程

(一) 视频导入,激发兴趣

教师引导:同学们,让我们先看一个民间故事。观看视频《瘸子背瞎子火灾逃生》。看了这个视频后，你有什么想说的？

学生畅所欲言。

追问：想不想亲自试一试？（学生玩火灾逃生游戏）

游戏规则：两人一组，一人将眼睛蒙起来扮演瞎子，另一人一只脚不能落地扮演瘸子，逃生途中设置障碍物，计时，早到终点的为胜。

学生先小组讨论谁扮演瞎子谁扮演瘸子，如何合作好，然后分组开始做游戏。得力小助手刘佳璐同学用秒表计时，孙佳琪同学做记录员。五个组都比赛完以后，教师采访胜利的一组。

师：我想采访一下你们，刚才在竞争中你们用时最短，那你们是靠什么取得胜利的？

学生发表看法。

师：看来，竞争和合作一直伴随着我们，那今天就让我们一起开展一次《竞争合作伴我成长》主题班会。

出示课题：竞争合作伴我成长。

设计意图：这个环节，导入新课，学生通过亲自参与情景体验，从而自觉自悟到在十分危急的情况下，更要发扬团结合作的精神，发扬自我牺牲精神，进而明白只有心中有他人，懂得合作，才能最大限度地获得成功。此环节充分调动了学生的积极性和主动性。

（二）树立良好的竞争、合作意识

出示概念。

竞争：激发人的自我提高意识和能力的活动。

竞争涵盖着社会各个方面，有大有小，大到国家之间的竞争，小到人与人之间的竞争。

合作：二人或多人一起做事以达到共同目的。

教师提问：我们应该如何在竞争中合作呢？

“在竞争中合作”应体现“双赢”的原则，竞争对手不能相互排斥，造成两败俱伤，而要相互促进、共同提高，这才是竞争中合作的真谛。接下来让我们来看一个实验，边看边思考两个问题：第一间房子和第三间房子里的猴子为什么有死伤？第二间房子里的猴子为什么活得好好的？

出示实验：美国加利福尼亚大学的学者做了这样一个实验，把6只猴子分别关在3间空房子里，每间2只，房子里分别放着一定数量的食物，但放的位置高度不一样。第一间房子的食物就放在地上，第二间房子的食物分别从易到难悬挂在不同高度的适当位置上，第三间房子的食物悬挂在房顶。数日后，他们发现第一间房子的猴子一死一伤，伤的缺了耳朵断了腿，奄奄一息。第三间房子的猴子也死了。只有第二间房子的猴子活得好好的。

这个事例强调的是什么？（友好合作，合理竞争）

教师小结：刚才的实验中强调我们既要合理竞争，又要友好合作。

教师引导：那我们到底应该怎样与同伴合作呢？接下来让我们再玩一个拔河游戏。

出示友情提示：小组讨论如何排兵布阵。3分钟讨论时间。现场展示：拔河游戏。

胜利的小组和失败的小组都谈谈经验和感受。

教师小结：你看，合作需要我们心往一块儿想，劲儿往一处使，目标统一，齐心协力。那在竞争中我们如何才能达到互利共赢呢？让我们在接下来的故事中寻找答案吧！

设计意图：愉快的游戏活跃了课堂气氛，让学生进一步感知合作，体会合作的重要性，同时帮助学生树立良好的竞争、合作意识。

（三）在竞争中找到合作的突破口

讲述：兔子因骄傲在第一次赛跑中失利之后，进行了深刻的反思，并决心和乌龟作第二次较量。乌龟接受了兔子的挑战，结果这次兔子轻松地战胜了乌龟。

教师提问：如果你是乌龟，你的心里会怎样想？（学生集思广益，发表各自的意见）

乌龟很不服气，它主张再赛一次，并由自己安排制定比赛路线和规则，兔子同意了。当兔子遥遥领先乌龟而洋洋自得时，一条长长的河流挡在了面前，这下兔子犯难了，坐在河边发愁，结果乌龟慢慢地赶上来，再慢慢地游过河而赢得了比赛。

教师追问：如果你是兔子，你的心里会怎样想？学生发表意见。

几番大战后，龟兔各有胜负，它们也厌倦了这种对抗。最终达成协议，再赛最后一次，于是人们看到了陆地上兔子背着乌龟跑，水中乌龟背着兔子游，最后同时到达终点……

教师提问：想象一下，今后的生活中，乌龟和兔子会怎样相处？学生说出自己的想象。

学生各抒己见。

设计意图：龟兔赛跑新传的故事让学生们进一步懂得了在竞争中携手合作的重要性，这样能使自身的利益和他人的利益都能够得到满足，实现双方的共赢，从而明白今后自己应该怎样与周围的人相处，进而更好地适应社会生活。

（四）合作心愿树

教师引导：在今后的学习和生活中，你想怎样与周围的同学友好竞争合作？把你的想法写到便利贴上吧。写完的同学排队贴到大树上。

最后，师生合唱《众人划桨开大船》。

教师总结：同学们，相信通过此次主题班会课，大家懂得了在竞争中要学会合作，互惠互利，共同提高，发扬团队精神，这样才能把我们班建设成更团结、更上进的先进班集体。

设计意图：让学生们懂得我们每个人都生活在集体中，小组是一个集体，班级是一个集体，学校是一个集体，青岛是一个集体，中国也是一个集体。只有学会合作，发扬团队精神，才能走向成功！同时，也为学生将来走向社会打下良好的合作基础。

（五）延伸活动

此次“竞争合作伴我成长”主题班会后，结合我们学校的“五好少年”五育卡使用情况，我会继续加强学生之间的竞争和合作意识的培养，让学生懂得：在我们班集体内，小组与小组之间的竞争，需要组内同学之间的团结合作才能胜出，同样，班与班之间的竞争又需要我们全班同学的共同努力和团结协作，才能使我们自己的班级脱颖而出。

班集体是我们成长的园地，良好的班集体有助于我们形成集体主义精神、义务感、责任感、主动精神，形成良好的组织纪律性，培育奋发向上的情操。班集体中，大家都想当第一名，所以平时实际上是在参与一场学习比赛，这也是一种竞争。人人力争上游的这种心理，增强了我们实现目标的动力，提高了我们的学习热情，激发了我们每位同学学习的信心。我们要参与竞争，激发斗志，又要学会合作，共创辉煌。

与此同时，我们还必须学会和同学们友好合作。因为我们的目标是一致的，同学之间应该相互鼓舞，相互促进，形成一股浓厚的团队意识。

五、班会反思

中高年级的学生在对班级间的竞争和合作的认知和情感上有所发展，已经形成了一些初步的竞争合作意识，对人和事物的认识逐渐摆脱形象思维的特点，初步具备抽象思维的能力。重新审视背景分析和班会目标，我认为，此次主题班会学生体验感极强，参与度极高，班会目标基本达成。

开展完此次主题班会后，我也想了很多，竞争要守规则、讲道德。我们在学校进行学业竞争，走入社会、踏上工作岗位仍要面对激烈的竞争。我们既要抓住机遇，敢于竞争，又要遵守竞争规则，遵守学校纪律、班级规定，进入社会以后讲究职业道德，反对不正当竞争。参与竞争，就要在规则允许的范围内靠实力取胜，不能不择手段，不讲道德。比如，考试是一种竞争，如果有人考试作弊，就违反了考试规则，不是公平竞争，也会被同学看不起。

善于合作，取长补短。这是一个没有孤胆英雄，只有优秀团队的时代。只有合作才能取得成功。我们每个人的智慧和力量都是有限的，任何人想要成功都离不开他人的帮助。任何天马行空、独来独往的行为，在这个高度组织化、协约化的社会中将难有一席之地！

通过团结合作，可以营造一种浓厚的学习或工作氛围，可以使每位成员都有一种归属感，有助于提高团队成员的积极性和学习效率。由于团队具有目标一致性，从而产生了一种整体的归属感，正是这种归属感使得每个成员感到在为团队努力的同时也是在为自己实现目标，同时也有其他成员在一起为这个目标而努力，从而激起更强烈的学习动机。

通过团队合作，可以增进成员间彼此的信任程度，有助于提高团队的整体能力。大部分人的心里都有希望他人尊敬自己的欲望，都有不服输的心理，都有精益求精的欲望。这些心理因素都不知不觉地增强了上进心，不自觉地要求自己要进步，力争在团队中做到最好，来赢得其他成员的尊敬。当没有做到最好时，上述心理因素可促进成员之间的竞争，力争与团队最优秀的成员看齐，以此来实现激励功能。这种不断的激励，有助于提高团队的整体能力。团队成员内部竞争，有一定程度上的激发作用，这来源于团队成员之间的心理欲望，但是要控制好这种欲望，避免团队成员之间的个人英雄主义而影响团队的整体战斗能力。

实际上，竞争与合作并不矛盾。竞争能激发人的积极性，培养人的进取心、坚韧力和大胆首创精神，使人精神焕发、情绪饱满，并能考验和锻炼人的意志，客服松弛疲沓、不求上进、萎靡不振的现象。公平竞争还能使集体充满生机和活力，增添学习和生活兴趣，增加合作的机会。集体间的竞争能加强集体内部的团结，增强集体成员的责任感、荣誉感和凝聚力。

弟子规·谨

赵淑娟

一、背景分析

（一）学情分析

（1）学生在学习生活中需要明确行为准则和规范，以帮助他们塑造良好的品德和价值观念。

（2）在学校和家庭环境中，学生需要加强对行为礼仪和道德规范的学习和实践。

（3）随着现代社会的快速发展，德育教育越来越受到人们的关注。援引经典教育资源是一种有效的德育教育方法。“弟子规·谨”课程提倡生活中的审慎、冷静，有助于学生养成良好的习惯和生活态度。

（二）主题解析

本次班会以经典诵读《弟子规·谨》为主题，旨在引导学生通过诵读经典文学来培养良好的行为习惯和道德品质，提高道德素养和行为修养，同时强化学生对经典文学的理解和尊重，让学生认识并理解“弟子规·谨”的核心理念和价值含义。

二、班会目标

（1）学生了解《弟子规·谨》的基本内容和意义。

（2）启发学生明辨是非、遵纪守法、尊师爱友的重要性。

（3）培养学生的行为修养和道德品质。

（4）提高学生对经典文学的尊重和理解。

三、班会准备

（1）学生准备：预习诵读《弟子规·谨》。

（2）教师准备：① 指导学生熟读《弟子规·谨》的内容和背景知识；② 准备讲解课件和引导讨论的教学材料；③ 设计班会流程，把握好每个环节的时间和内容；④ 准备学生的诵读材料，确保每个学生都有参与其中的机会。

四、班会过程

（一）课程引入

老师首先引导学生共同朗诵《弟子规·谨》。

同学们，今天我们学习《弟子规·谨》，一起来读课题。我们先来认识"谨"字，了解本课学习的中心。"谨"是什么意思？《说文解字》中记载：谨，慎也。就是"小心"的意思。仔细观察，它是什么偏旁？和什么有关？谨的本意是说话要小心，后来泛指做事、说话谨慎小心。

《弟子规·谨》就是古人要求小朋友从小养成做事谨慎、小心的习惯。我们一起走进课本的学习吧。

设计意图：这一环节通过课前预习、课中领读，让学生初步体会《弟子规·谨》这部分内容的含义，引出本节班会课主题：做事谨慎。交流过谨的含义之后，让学生再联系自己的学习和生活实际谈感受，学生就会"言之有悟"。

（二）主题讨论

老师引导学生分小组讨论《弟子规·谨》中的内容，理解其意义和深远影响。

1. 多种方式熟读文本

第一遍：借助拼音自己读，注意读准字音。

第二遍：师带生读；四个小老师带读，每人两句；字正腔圆，伸出左手，师生一起打拍子读。

第三遍：诵读活动：每个小组选择代表上台诵读，并分享他们对“谨”的理解。

2. 多种方式趣味解读文本

读书百遍，其义自现。你们读懂文中所讲的了吗？

早晨起床后，一定要洗脸刷牙，每次大小便后都要洗手。这种良好的卫生习惯应该在小时候就养成。脱下来的衣服和帽子，要放置在一个固定的地方，不能到处乱丢，以免把衣帽弄脏。穿的衣服贵在整洁大方，而不在于华丽。衣服要符合自己的身份，还要和自己的家庭条件相适合。分，指的是身份。学生得穿着适合学生身份的衣服，老师得穿适合老师身份的衣服。如果今天老师穿吊带来上课，你可以告诉老师：老师你的衣着要注意——上循分。当然衣服的购买还要符合家庭条件。这就叫下称家。你们来说说吧。

3. 从文本中找到有疑问的内容

清晨要早起，晚上要迟睡。人的一生很短暂，转眼间从少年就到了老年，要珍惜现在的宝贵时光。

我们都说要“早睡早起”，可为什么古人却告诫我们夜眠迟呢？

在这里，老师想到了一首上古民歌。

《击壤歌》（上古民歌）

日出而作，日入而息。

凿井而饮，耕田而食。

帝力于我何有哉。

师吟诵一遍，带生吟诵一遍。

教师小结：从诗歌中我们得知，中国是农业社会，日出而作，日入而息，古时候是没有电灯的，太阳落山就要回家。而在冬天，昼短夜长，特别是在北方的冬天，下午5点左右天就黑了。人们收工回家吃饭、洗漱，6点多就没事做了。干什么？读书。所以，自古以来有很多关于夜晚勤学苦读的故事流传下来。

举例：凿壁偷光。

设计意图：这一环节通过各种不同形式的反复诵读，让学生对文本的内容有了全面和更加深刻的认识，对里面的疑问也有了清晰的答案。让学生从自身的行为出发，根据自己的理解来分析自己身上存在的关于做人做事的短板，认识到谨慎的重要性。

（三）互动分享

学生与老师共同分享他们在日常生活中遵守《弟子规·谨》的实例，以及遵守这个原则带给他们的转变。

1. 多种方式诵读文本

（1）拍手读。小手跟我拍起来。

（2）师生对读。我们来跷跷板读。老师读红色部分，生读蓝色部分。（读的时候起立，表示跷起来了）

（3）大组对读。1、2大组读红色部分，3、4大组读蓝色部分。

（4）镂空记忆。这一部分就是古人对孩子的基本生活习惯提出的要求，

教师引导：不要挑食，不可以偏食，三餐常吃八分饱，避免过量。年纪小时，不要喝酒。喝酒醉了，丑态百出。（年方少，勿饮酒，饮酒醉，最为丑）

教师小结：这两句话，说来简单，做来难。老师希望你们把他们记在心里，时刻提醒自己。

2. 熟读，尝试记忆

（1）拍手读。小手跟我拍起来。

（2）男女生读。车轮读，男生读一句，女生读一句。

（3）交换。小朋友们自己读。争取把它们记下来。

（4）镂空记忆。

3. 学习古人饮食、行走要求

教师引导：这部分是古人对孩子饮食用度提出的要求，那对站立行走，古人又提出什么要求呢？

教师小结：孔子说“见贤思齐焉，见不贤而内自省也”。大家一边看图，一边反思自己有没有做得不太正确的地方。

俗话说，站如松、坐如钟、行如风、卧如弓，就是要求我们要有正确的站立行走姿势。

学生练习：咱们也来练习该怎么站、怎么走、怎么坐。

（组织：全体起立，严肃认真，精力集中）

视频出示示范：平视前方，头正颈直，挺胸直腰，两臂自然下垂，脚跟并拢，脚尖张开，夹角45°，生模仿调整。

行如风，挺胸收腹，平视前方，沿直线行走，双臂随着步伐前后自然摆动，步伐轻盈舒畅。

像小老师一样，前后各走五步，生模仿。

坐如钟，双目平视，上身正直，坐椅子的三分之二，双膝自然并拢。

请一位同学当小老师，评评大家坐得怎么样。

教师小结：《礼记》中说："礼仪之始，在于正容体，齐颜色，顺辞令。"我们做到了正确的站立行走，就是礼仪的开始了。有礼则安，无礼则危，中国被称为礼仪之邦，就连见面时也有特别的礼仪呢。

4. 学习古人礼仪——行揖礼

教师引导：仔细看视频，如何行揖礼？

揖礼——中国传统礼仪的一种形式，左右手食指、中指、无名指、尾指四指并拢，拇指相扣，掌心朝内，两手合抱，拱手为礼。

师组织（起立，安静）。

师提醒：凡男拜，尚左手。凡女拜，尚右手。行礼不能马虎，要怀着恭敬之心，就是"拜恭敬"。

师生行礼，同桌行礼。

总结：这一部分是古人对孩子的行走站立提出的要求。

5. 学习古人对生活的要求

教师引导：做事不要急急忙忙、慌慌张张，遇到事情不要畏苦怕难而犹豫退缩，也不可以草率、随便应付了事。要养成进房之前先敲门的习惯。要进屋了，应先提高声音，让屋里的人知道有人来了。

预设：这是对人的基本尊重。别人问你是谁，要明明白白回答出你的名字。光说一声"是我"，人家还是不知道你是谁，心里就会犯疑。

教师小结：凡是容易发生争吵打斗不健康的场所，不要接近，以免受到不良的影响。一些荒诞的事也要谢绝，不听、不看，不要好奇地去追问，以免污染了善良的心灵。

（如果时间允许，教师可以加入两个故事）

讲述：700 多年前，元军大举南下，天下大乱。许衡跟随难民逃难，大家又饥又渴，路边正好有一棵梨树，大家都去摘梨吃，许衡却静坐树下不动，大家都搞不懂是为什么。许衡说："不是自己的梨，怎能乱摘！"大家笑他："世道这么乱，梨树哪有主人！"许衡说："梨虽无主，难道我们的心也无主了吗？"

讲述：明朝有一位叫宋濂的人，学习勤奋，但家里很穷，买不起书读，只能借书读。有一次，宋濂去借书，但人家为难他，让他十天之内要还书回来，可十天根本就读不完那本书。到了第十天早晨，天下着大雪，那家人以为宋濂不会来还书了，可是宋濂却冒雪把书送了回来。主人很感动，他告诉宋濂以后可以随时来看书，不再给他限定借书时间了。

同学们，我们要向许衡、宋濂学习，规范有度，谨慎处事。

（四）班会总结

我们要认识到《弟子规·谨》的重要性，鼓励学生在日常生活中实践"谨"的原则。从家里到家外，从个人到与他人相处，《弟子规·谨》从基本生活习惯、饮食用度、行走站立、遇事谨慎不畏艰险四个方面来对我们提出了基本要求。我们一起把它们背下来，牢牢地记在心里吧。全体起立，立端正，书读一口气。老师希望你们，记住这受益一生的规则，做堂堂正正的中国娃。

五、班会反思

本次班会的主题为"弟子规·谨"，旨在引导学生深入理解《弟子规·谨》中的行为规范和道德准则，培养良好的行为习惯和道德品质。

在班会过程中，我首先介绍了《弟子规》的背景和意义，让学生对《弟子规》有一个初步的认识。接着，我选取了《弟子规》中关于"谨"的部分，通过讲解和讨论的方式，引导学生理解"谨"的含义和重要性。同时，通过一些生动的案例和故事，帮助学生更好地理解如何在日常生活中践行"谨"的准则。本次班会采用了讲解、讨论、案例分析等多种形式，能够激发学生的学习兴趣和参与热情，让学生在轻松愉快的氛围中学习成长。本次班会中，学生积极参与讨论和互动，课堂氛围融洽，师生之间的交流顺畅。

我们在上课时，要做到优化时间安排，确保班会的节奏紧凑有序，增强学生的参与度。通过更加多样化的互动方式，激发学生的参与热情，让更多的学生参与到班会的讨论和互动中来。

通过本次班会，我深刻认识到，《弟子规》不仅仅是一种行为规范，更是一种人生态度和价值追求。作为教师，我们应该引导学生深入理解《弟子规》的内涵，践行其中的道德准则，培养良好的行为习惯和道德品质。同时，我们也要不断反思和改进教学方法和策略，提高班会的质量和效果，为学生的成长和发展做出更大的贡献。

交 朋 友

谷艳梅

一、背景分析

（一）学情分析

女孩子都是家长的掌上明珠，她们中的绝大多数阳光活泼快乐。可是也有极少数特殊的女孩子，因为家庭变故、生活环境、性格缺陷等影响，变得不合群、不会也不愿与人相处，更不愿到新的环境中学习。作为一年级新生来到一个新的环境，在面对一张张陌生的面孔时，更感到孤独无助。课堂上进行说话接龙时都叫不上同学的名字，当然也交不到朋友，对孩子的心理影响很大；有的孩子想交朋友，但是不会正确地和同学交往；有的同学硬生生拉着人家玩，甚至让别人误解以为是攻击性行为，导致大家都来告他的状；还有的同学过了几周还没交到自己的好朋友，逐渐产生了厌学情绪……因此，让孩子学会正确地与同学交往，正确地认识自己和他人，成为幼小衔接课程中重要的一个课题。

（二）主题解析

课堂上通过“找朋友”的小游戏，学生感受到找到朋友的开心，解除找不到朋友的不安。通过角色扮演游戏，感受两棵大树的魅力，学生讨论交流中发现什么样的人才能交到朋友，从而知道自己努力的方向。让学生反思自己的行为，同时知道应该怎么做才会交到朋友，从而引导学生正确认识自己和他人的优点。最后总结交朋友的经验，看到自己的缺点，扬长避短，使学生知道上小学了不可怕，以后会在学校里通过自己的努力交到很多好朋友。

二、班会目标

（1）让学生认识受欢迎和不受欢迎的原因。

（2）学习一些交朋友的方法，提高学生的交往能力。

（3）学生体验到与朋友在一起的快乐。

三、班会准备

教学课件；图片：两棵树，8 只小鸟，多片树叶，两个笑脸，一个哭脸。

四、班会过程

（一）游戏导入，初步体验有朋友的快乐

（1）老师放《找朋友》的音乐，几名同学们围成一个大圆圈，边听音乐边围着圆圈走，当音乐停止时立刻按照老师的要求去找朋友。

第一次：3 个同学一组，迅速抱成团成为好朋友。

第二次：4 个同学一组，迅速抱成团成为好朋友。

第三次：5 个同学一组，迅速抱成团成为好朋友。

没有找到朋友的同学就算输了，找到了就赢了。

（2）请同学们自己数一数：我赢了几次，我输了几次。

当你找到朋友时，心里感到怎样？

（当找到朋友时，心里感到很快乐）（很兴奋）（很开心）

当你没找到朋友时，心里感到怎样？

（没找朋友时心里感到很失望）（很难过）（很不开心）

小结：朋友多，快乐就多，今天我们活动的主题就是《交朋友》。

设计意图：在全班交流反馈的过程中，教师适时给予学生自由交流的时间和空间，让学生充分展示思想和观点，表达出自己找到好朋友时的开心和找不到好朋友时的难过。

（二）认识到没有朋友的原因

为什么有的人有很多朋友，有的人却没有朋友呢？

(1)（贴出两棵树的图片）同学们看，这两棵树有什么不同？（一棵光秃秃，另一棵长得很茂盛）

(2)（出示小鸟图）如果你是小鸟，你喜欢到哪棵树上玩呢？（请6位同学贴出小鸟图）

(3) 采访贴图的同学，这样贴的原因是什么？

(4) 小结：这棵树用自身的魅力吸引了这么多的朋友。有了小鸟做朋友，它可开心了！（贴图：笑脸）这棵树看到小鸟们都不喜欢它，伤心极了。（贴图：哭脸）

(5) 在我们身边，有的同学跟这棵光秃秃的树一样，大家都不喜欢跟他玩。有的同学就跟这棵枝繁叶茂的树一样，大家都喜欢跟他交朋友。同学们，你愿意做哪棵树呢？为什么？

(6) 刚才，同学们都积极地发言，说出了自己的想法。老师认识一位同学，叫明明，他遇上了烦恼的事情，你们愿意帮助他吗？

配图讲故事：《明明的烦恼》。

明明跟大家一样，也是一年级的小学生，可平时他总爱搞些恶作剧，欺负同学，捉弄同学，还经常给同学起"外号"。渐渐地，同学们都不喜欢跟他交朋友。到了春游的时候，谁也不愿跟他一组。

同学们，你们想想，明明这时的心情是怎样的？

明明该怎样做才能交到朋友？请大家都来给他想想办法，帮帮他。请大家先在小组里交流、讨论，然后把你们的想法画在树叶上。

学生汇报。（指名说，并把树叶贴在秃树上）

(7) 小结：同学们真爱动脑筋，想出了这么多的好点子。明明得到大家的帮助，一定开心极了！

咱们把这些好方法送给这棵大树好吗？看，这棵原来不受欢迎的大树，在大家的帮助下，也变得枝叶茂盛，高兴起来了。（换图，把哭脸换成笑脸。）

设计意图：通过大家一起动脑筋、想办法，孩子们找到了交朋友的许多好点子，也明白了如何与同学相处才能交到更多的朋友，同时体会到帮助别人的过程中自己也得到了快乐。

（三）介绍自己交朋友的经验、寻找交朋友的秘诀

（1）你最好的朋友是谁？你为什么喜欢和他（她）交朋友？

（有爱心；开朗、大方；热情、爱助人为乐；懂礼貌、讲文明；讲卫生、爱清洁；能谦让、会合作；爱读书、爱学习；能与你说心里话；能与你分享快乐……）

（2）课件出示：交朋友的秘诀。

（3）合作小组做游戏《串糖葫芦》。对照课件想一想：你认为自己还存在哪些缺点，应该怎样做才能交到更多的朋友？

设计意图：通过大家一起交流交朋友的秘诀，孩子们懂得了交朋友的意义。让孩子们在课堂上体会到交朋友的做法很重要——学会合作、学会分享。同时也要学会反思自己的不足。

（四）总结

（1）教师总结：有朋友真好！高兴时，有朋友来分享；伤心时，有朋友来分忧；困难时，有朋友来帮助。朋友能给人带来欢乐、带来勇气、带来信心。老师相信，在你的努力下，一定会交到更多的好朋友！

（2）踏着《找朋友》的音乐离开教室。

五、班会反思

通过本次班会课，学生学会了交朋友，体会到和同学在一起的快乐。本节课采用了他们喜闻乐见的活动形式——“找朋友”的游戏，让他们尽快与小伙伴熟悉、亲近。在整个游戏中，老师与他们共同参与，让学生感受到新的学校生活的愉快。

我所教的班级里有个小女孩，大家几乎每个课间都来告她的状，说她“打人”。通过仔细调查后我发现，大家所说的“打人”并不是真正意义的打

人，而是她想和同学做朋友，可是她的表达方式是直接拽着人家一起玩，甚至还送同学小礼物，大家都很不喜欢她的表达方式。于是我设计了这节《交朋友》的幼小衔接课，课后我发现，这位同学改变很大，她上课听讲非常认真，经常得到老师们的表扬，课下也不再硬拉着同学玩了，她的朋友却越来越多了，期末的时候她还被评为十佳合作好少年。班里同学们之间关系非常融洽友好，告状的同学越来越少了。

课堂上不忘贴近学生的心灵，给他们平等的尊重，关注每一个孩子的内在需求，最大限度地激发一年级小学生的创造力和热情，让每一个小学生都能成为有用的人，是我们一年级老师努力追求的目标。在良好的课程设计下，老师会腾出更多的时间进行教学备课，提高教学质量。教书育人是一个与时俱进、不断创新的工程。作为一名一年级教师，必须不断学习，不断进取，让心和学生一起去飞，才能体验到教师独有的幸福感，才能培养出敢于在新生活的海洋中奋勇搏击的学生。

心如花木　向阳而生

刘　婧

一、背景分析

（一）学情分析

《中小学心理健康教育指导纲要》(2012年修订)对小学高年级学生在青春期教育方面提出如下要求:开展初步的青春期教育,引导学生进行恰当的异性交往,建立和维持良好的异性同伴关系,扩大人际交往的范围。五年级的学生处于青春萌芽期,他们正经历生理和心理的微妙变化,面对这些变化的时候,有的孩子很快能够适应和接受自己,有的孩子却会感觉到疑惑或者担心和害怕。他们这个时候很需要心理上的关怀和辅导。五年级的孩子对于自己的性别优势一般来说是比较肯定的,但是对于异性的性别优势却避而不谈,比较回避。这追根究底就是孩子们意识到了男女有别,不好意思与异性交往,怕有“绯闻”。所以,孩子们急需正确看待异性,掌握异性交往的尺度,这样的困惑,需要我们老师帮助解决。因此,我根据少男少女的特点设计了本节主题班会,希望能帮助他们用开放的态度去接纳不同的性别,掌握正确的异性交往尺度，树立男女平等的观念，解决他们的实际问题。

（二）主题解析

小学五年级的学生逐渐进入青春期，有很强的性别意识，但这些意识是自发的，容易缺乏科学性，因而应该对学生进行引导。男生女生虽有不同，但各有其特点与优点。要让学生理解、欣赏异性特有的思维方式和行为特征，面对男女生交往中的困惑，能够从性别差异的角度认识、化解矛盾，学习与异性和谐相处。

二、班会目标

（1）知识与技能：引导学生认识异性之间的差别，了解异性友好交往、良性互动的重要性。

（2）能力与方法：学习并掌握与异性正常交往的原则与艺术。

（3）行为目标：针对男女生交往中存在的一些问题，进行讨论，从中得出一些领悟和感受，从而正确认识异性交往的必要性。

三、班会准备

（1）学生准备：笔。

（2）教师准备：课件、便笺纸、卡片等。

四、班会过程

（一）环节一：暖心活动

同学们，喜欢玩游戏吗？今天呀，老师给大家带来了一个小游戏：兔子舞。请看游戏规则。

出示游戏规则：每个小组排成一队，在小组中，后面一位同学双手搭在前一位同学的双肩上。

老师随着音乐的节拍喊出动作指令：左二（左脚跳两下），右二（右脚跳两下），并前（双脚合并、向前跳一下），并后（向后跳一下），开前（双脚开立、向前跳一下），开后（双脚开立、向后跳一下）。

（1）教师先和同学一起试一试。

（2）师生伴随着音乐跳起来。

（3）通过交流，引出课题。

同学们，在跳的过程当中，你觉得谁跳得最好？为什么说他跳得最好？

在游戏的过程中，老师就发现有的同学并没有做到这一点，是什么原因让你没有做好呢？谁来猜测一下？为什么会这样呢？哪位同学有过类似的经历，愿意和我们分享？

设计意图：通过设计这个暖心活动，让学生意识到，个别同学羞于将双手搭在异性同学的肩膀上，觉察这种细微的不同的心理反应。

（二）环节二：课前调查

师小结：随着年龄的增大，大家在平时的活动中，有的同学就意识到了男生与女生的这种不同。

播放课件（学生小时候与现在的照片），出示课题。

瞧，之前的你们呀，像花儿一样的灿烂，如今的你们长成了思想上进步、学习上努力，有自己思想也有自己小心思的少年。今天，我们就一起聊一聊青春期与异性正常交往的话题。

设计意图：通过让学生回忆之前的类似经历，感受男生和女生带给自己的不同感受，与小时候的活动场景进行对比，为课堂活动提供素材。同时，课堂资源取材于学生实际，更能引发学生共鸣。

（三）环节三：感受男女生的不同，互相学习优势

1. 出示表格，感受男女生的不同

同学们，这是大家从开学到现在为班级做的事情，请仔细观察表格，你

有什么发现？为什么会这样分工？

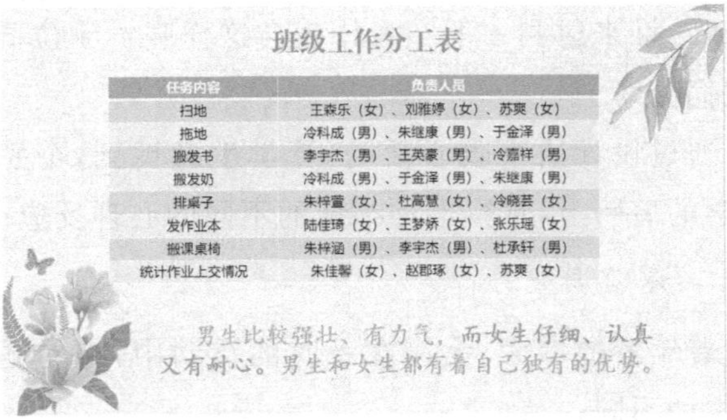

班级工作分工表

任务内容	负责人员
扫地	王森乐（女）、刘雅婷（女）、苏爽（女）
拖地	冷科成（男）、朱继康（男）、于金泽（男）
搬发书	李宇杰（男）、王英豪（男）、冷嘉祥（男）
搬发奶	冷科成（男）、于金泽（男）、朱继康（男）
排桌子	朱梓萱（女）、杜高慧（女）、冷晓芸（女）
发作业本	陆佳琦（女）、王梦娇（女）、张乐瑶（女）
搬课桌椅	朱梓涵（男）、李宇杰（男）、杜承轩（男）
统计作业上交情况	朱佳馨（女）、赵郡琢（女）、苏爽（女）

男生比较强壮、有力气，而女生仔细、认真又有耐心。男生和女生都有着自己独有的优势。

师小结：男生比较有力气、女生比较心细，我们男生、女生都有自己独有的优势。

设计意图：通过对比，男女生在班级里的不同任务，感受到男生女生都有着自己独有的优势。

2.“男女有别”大比拼

伴随着我们的成长，男生和女生之间的差异会越来越明显。俗话说“男女有别”，你知道“别”在哪里吗？下面，我们就进行一个大比拼：男生一队，女生一队，写一写“我眼中的 TA”。请男生写一写女生的优势，女生写一写男生的优势，咱们比一比哪一队找到的对方的优势多。可以从对方身体外形、着装打扮、性格特征、兴趣爱好、思维表达等方面进行考虑。请你拿起手中的便笺纸,开始吧!

交流男生和女生的优秀特质。

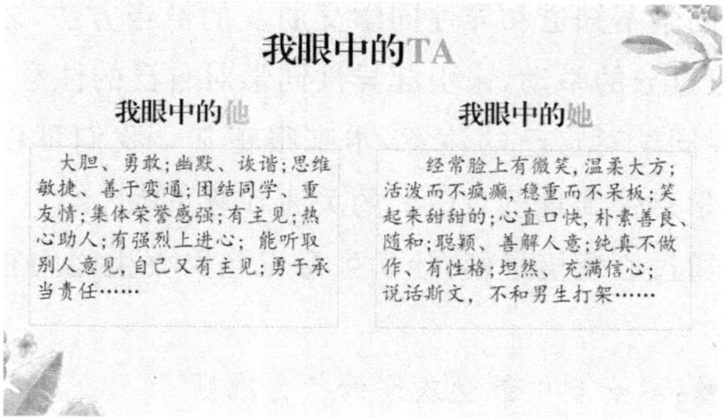

师小结:人类世界是由男女两种性别构成的,男女各顶半边天。男女有别,除了在身体外貌和生理结构上表现出显著差异外,不同的性格特点也决定了男生和女生在行为举止、兴趣爱好等方面的不同。

一般来说,男生强壮,女生娇柔;男生豪爽,女生细心;男生理科稍强,女生文科略好;男生活泼好动,女生文静娴雅;男生爱好动手实验,女生擅长社会交往。男女生之间通过相互切磋,完全可以从对方那里吸取优点,弥补自己的不足。

设计意图:通过活动大比拼,让学生感受到男生和女生的优秀特质。

3. 心理剧

最近呀,老师在为大家换座位时,就发生了一件这样的事情,下面有请我们心理小剧组的同学上台演一演。

换座位时,女生小文和男生小武被安排坐到了一起。两个人时常因为越界或垃圾乱扔等事吵架,有时候小武会捉弄小文,而小文则表现得很“凶”。周末回到家,小文向爸爸抱怨起小武:“爸,我不想和小武同桌了。”“怎么啦?小武不是你们班数学竞赛的第一名吗?你数学不好,刚好可以向他请教啊。”“你不知道他有多讨厌!他又调皮又粗鲁,笨手笨脚,桌上总是乱糟糟的,而且作业潦草……我才不要和他同桌呢!”

同学们,事情发生到这里,小文和小武为什么相处得不融洽?快帮他们找找原因吧!

小武捉弄小文这些行为确实挺让人生气的，但我们换位思考一下，如果你是小武，越界、乱扔垃圾、捉弄小文、会不会是恶意的呀？

师小结：在许多男女生打闹的背后，实际上是他很想和异性同学交朋友，只不过这些同学不知道和异性同学交朋友的恰当方法，才故意做出一种相反的甚至是很过分的举动，来引起异性同学对自己的注意。

想引起异性同学对自己的注意，本来很正常。我们可以做一些什么事情，来让异性同学感受到自己对他们的关注和尊重呢？

设计意图：通过心理情景剧，让学生意识到男女生之间很多的打闹其实并不是恶意的。

4. 头脑风暴：男女生中最受欢迎的行为准则

下面我们进行"头脑风暴"活动，在小组内每人说一句在男女生交往中最受欢迎的行为准则。

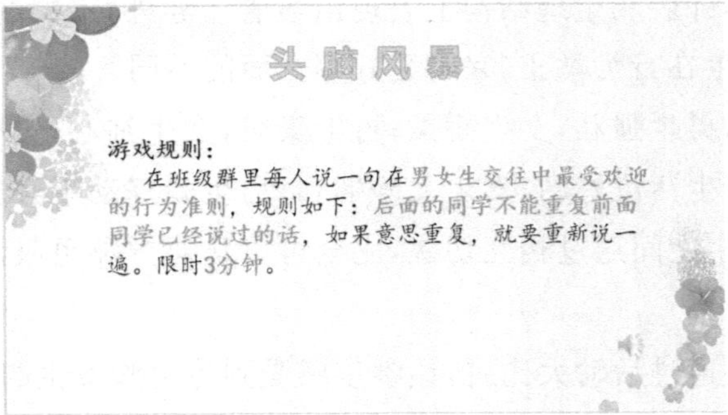

(1) 后面的同学不能重复前面同学已经说过的话，如果意思重复，就要重新说一遍。然后，评出你们小组一致认同的最受欢迎的行为准则，写在卡片上。

(2) 每个小组派一位代表发言，宣读你们小组的最受欢迎的行为准则，后发言的代表不可以重复前面发言代表的意思，如果意思重复，必须由全组同学小声讨论出一句新的语句，写在卡片的背面，再由小组代表传递给全班。

(3) 宣读完毕后，将各组的卡片贴在黑板上。

学生小组讨论交流。

小组代表交流。

师小结：同学们，在男女生交往中，相互尊重、相互谅解，我们的交往便会少一些烦恼，我们的班级就会更和谐。

我们再来采访一下小文，此时，你还会不想和小武同桌吗？

设计意图：讨论交流在男女生交往中最受欢迎的行为准则，学会互相尊重和谅解。

5. 夸夸 TA

小文和小武都发现了对方的优点，下面请同学们找一个和你性别不一样的，想一想他的哪些优点值得你学习，请你也来夸一夸他！

同学们，此时此刻，如果你是小文的爸爸，你会同意小文的请求吗？为什么呢？

设计意图：寻找身边异性同学的优点，向他们学习！

（四）环节四：学习名人，感受成就与性别无关

同学们，你们看，男女生之间有那么多的不同，是不是长大后，男女生的成就也不一样呢？

出示钟南山的照片，学生交流了解到的资料。

钟南山，从非典到新冠肺炎，钟南山一直站在抗疫一线，成为公共卫生事件应急体系建设的推动者，促成了国家多项政策法规的制定，更成为突发公共卫生事件的代言人，成为稳定民心的科学家代表。

出示王亚平的照片，学生交流了解到的资料。

王亚平，好学、要强、工作能力强，是个数一数二的尖子生。从一年级到五年级，她都是班长，以身作则，很有威信。班级和学校组织的活动和比赛里，总能看见她的身影。

出示袁隆平的照片，学生交流了解到的资料。

袁隆平，从事杂交水稻研究，不畏艰难，甘于奉献，呕心沥血，苦苦追求，为解决中国人的吃饭问题做出了重大贡献。他的杰出成就不仅属于中国，而且影响世界。

你们看，这些名人里，有男性，也有不少女性，他们并不因为性别不同而成就不一样，对此，你想说些什么？

师小结：同学们，不管是男性还是女性，只要通过自己的努力，都能取得

成功，都能得到社会的认可，都能对社会做出贡献，都能过上幸福的生活。

设计意图：学习名人，让学生意识到成就与性别无关，只要努力，每一个人都能有所成。

（五）环节五：小游戏“男生女生”，感受男女生的重要

下面，我们通过一个小游戏，感受下男生女生都很重要！请看游戏规则。

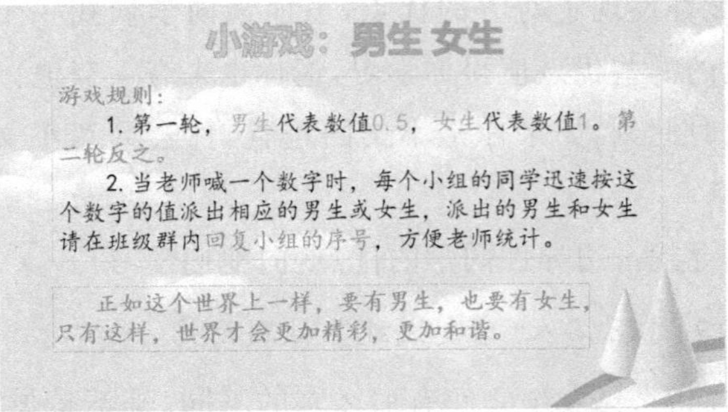

（1）由班长抽签，确定男女生代表数值 0.5 或 1。

（2）当老师喊一个数字时，每个小组迅速按这个数字的值派出相应的男生或女生。

（3）每一组派出的同学，在游戏完成前，不能坐下。看哪个小组完成得又快又准。

教师依次喊出数值：1.5，2，4.5，4，学生游戏。

交流感受：同学们都能又准确又迅速地完成挑战，老师想采访一下大家，你接受你代表的数字吗？那性别呢？你认为，1 和 0.5 在游戏中分别有什么作用呢？

师小结：1 代表女生，0.5 代表男生，每一个数值都需要男生和女生，正如这个世界一样，有男生也要有女生，只有这样，世界才会更加精彩，更加和谐。

同学们，在平时的学习与生活中，我们应该怎样做呢？

设计意图：通过小游戏，让学生感受到男生女生都很重要，缺一不可。

（六）环节六：规划未来，设计新形象

同学们，通过今天的学习，相信你一定对未来的你有了规划。选择自己喜欢的方式，给自己设计一个更好的形象吧！用什么方法都可以，写一写，画一画，文配画都行！写完后就贴到咱们的心愿墙上。

交流分享新形象。

师小结：同学们，请大家记住你要成为什么样的人，记得一定要通过努力缩短你和目标之间的差距，直到你成为他！加油！

设计意图：畅想未来，规划自己的未来。

（七）环节七：谈收获

同学们，通过这节课的学习，相信大家一定有很多的收获，快在小组群里大声地说一说吧！哪位同学想和大家交流一下？

老师总结：大家的收获可真不少，无论何时，请你记住，你希望别人怎么对待你，你就怎么对待别人，男生女生，同样适用。记住，男生女生之间，互相尊重，互相理解，互相谅解，互相帮助，坦诚相待，自自然然，大大方方，我相信大家都会做得很好！

设计意图：总结自己本节课的收获，学会男女生之间运用恰当的方式进行交往。

（八）延伸活动：青春期的自我保护

同学们，欢乐无忧的童年期过后，你会发现自己的身高和体重在快速增长，身体的某些部位也发生了明显的变化，这说明你已经进入了一生中身体发育和智能发展的黄金时期。你知道吗？其实我们的身体也是有红绿灯的。

红灯区是不允许任何人接触的地方，黄灯区是与你较亲密的人才可以接触的地方，绿灯区是一般朋友也可以接触的地方。

让我们想一想，如果是好朋友，高兴时拍拍你的肩、搭搭你的背、拥抱一下，你会怎么样？如果是异性同学或不认识的人这么做，你会怎么样呢？

同学们，在日常生活中，每个人都有不同的身体界限，不一样的人碰我们的感觉是不一样的，每个人允许别人触碰的尺度也不同，所以我们要明白自己的身体界限，爱惜自己的身体，这样才是身体的好主人。

无论男生女生、大人小孩，我们都是自己身体的主人，别人不可以用任何借口和理由来控制我们，或者伤害我们的身体，让我们做我们不愿意做的事。所以，我们要尊重别人的身体，不对别人做他不喜欢做的事，不拿别人的身体开玩笑，如果别人做出让我们不舒服的事，我们都可以大声拒绝哦！

在我们的学习和生活中，也要注意以下几点：

(1) 保持警惕，注意与你单独接触的人，观察他是否有不正常的言行举止，不要随便单独接受他人的邀请。

(2) 不贪小便宜，出门办事时一定要告诉父母，最好有成年人陪同，不随便搭乘陌生人的车，不随便与陌生人接触。

(3) 保守必要的秘密，不随便把家里的电话、地址、父母的工作单位等属于自己或家庭的信息告诉陌生人。

(4) 大胆地说出来，在受到侵害时，你要理直气壮地说："住手，别这样！"

五、班会反思

本课教学内容贴近学生的生活，从学生平时的学习和生活中发现问题、确定选题。在教学本课时，我运用了游戏、分组讨论、心理剧等方法，使学生更好地融入课堂中，学生参与性比较高，都能敞开心扉、倾心交谈，整节课都能紧跟老师的步伐，取得了很好的教学效果。

本课我通过一系列的活动，让学生感受到了男女生的不同性格特点，大家都有着独特的优秀特质，每一种优秀特质都值得学习，从而总结出在男女生交往中的正确做法，帮助学生用于实际的生活，使学生之间的人际关系更加完善，使青春期的学生更自信、自强和自爱。

本次活动开展过后，班上男女生之间的摩擦减少了，我也没有再收到女生的投诉。经过了一段男女生交往的试探期后，双方似乎都找到了交往的"度"。男生学会了尊重女生，不会出现过分的举动，而且充满了斗志，在各方面都努力让自己变得更好。女生也能以一颗理解、谅解的心来包容男生的一些行为。

青春期的男孩与女孩，本来在身体和心理的发育上就不同步。当男生和女生之间发生矛盾时，如果我们采取"一刀切"的办法，对男生的成长是很不利的。与其责怪男生，还不如模糊男生的问题，然后做好女生的思想工作，教会女生理解、包容那些心智未长大的小男孩，教会她们如何与男生相处，男生与女生之间的矛盾就迎刃而解了。

百年奋斗路　少年启新程

王广莉

一、背景分析

（一）学情分析

小学五六年级的学生正处在世界观、人生观形成的初期。他们饱含爱党爱国精神的鲜活基因，拥有生命成长的无限可能。现在的孩子物质生活条件普遍较好，但因受到的教育引导不足，所以大部分孩子不懂得今天的幸福生活来之不易，在生活中没有目标感，意志力薄弱，容易产生畏难情绪，难以体会个人命运和国家命运息息相关、个人的未来与民族的未来紧密相连。

（二）主题解析

《中小学德育工作指南》的总体目标中明确指出：培养学生爱党爱国爱人民，增强国家意识和社会责任意识。关注社会、心怀祖国，就是学生人生成长的必修课。

百年奋斗路，少年启新程，祖国的未来要靠这群少年去建设，种下一颗种子，这颗种子以后会在祖国的大地上生根发芽。百年岁月峥嵘，百年初心如磐，百年栉风沐雨，百年党史辉煌。抓住教育契机，通过学习党史、感悟党的精神，激发学生热爱中国共产党的热情，同时培养学生的爱国之情、民族自豪感，教育学生珍惜来之不易的幸福生活，促使学生心拥家国理想、增强自强精神。

二、班会目标

（1）认知目标：了解中国共产党代表的是人民群众的根本利益，在党的带领下才有了新中国。

（2）情感目标：通过百年前与今天生活的对比，感受今天的生活来之不易；通过了解全国人民努力奋斗的过程，领悟中华民族的精神传承，激发爱国之情。

（3）行为目标：明志笃行，将先辈们的优秀品质内化于心、外化于行，争做新时代好少年

三、班会准备

（1）学生准备：① 简要了解李大钊的生平、钱学森的事迹；② 填写课前调查问卷《我遇到过的困难》。

（2）教师准备：① 搜集中共一大、李大钊相关资料，钱学森为祖国制造导弹等视频资料；② 查阅相关书籍史册，准备图文材料；③ 制作 PPT。

四、班会过程

（一）豪迈的气色——坚定信念，矢志不渝

1. 百年前中国和如今对比

同学们你们看，我们的教室宽敞明亮，我们的课桌干净整洁，我们的设备先进方便，这些都是我们学习时的标配。而这种大家习以为常的学习环境对于100年前的孩子们来说，却是一种遥不可及的奢望。（出示图片）

这是教育的百年巨变。除了教育，中国还发生了哪些变化呢？看，百年对比。（播放视频）。

通过这些缩影，你发现了什么？你有什么感受？

今天的幸福生活的确来之不易，作为一名中国人，我为祖国取得的成就感到骄傲自豪。

2. 中国共产党的诞生

1921—2021年，一百年，改天换地，一百年，沉睡到苏醒，一百年，960万平方公里的神州大地，创造了一个又一个奇迹。一百年的奋斗路，每一步走来，都是道不尽的苦难和辛酸。(板书：百年奋斗路)今天就让我们一起穿越时空，回到1921年，那个水深火热的年代。

(播放图片)那时的中国贫穷落后，列强侵略，割地赔款。政府软弱妥协。社会动荡不安。那时的老百姓最想要的是什么？

他们想要过上有尊严的生活，想要社会安宁，想要国家富强。就在这时，一群有志青年听到了人民的呼唤，他们集结起来，召开了中共一大，成立了中国共产党。人民对美好生活的向往就是他们的奋斗目标，(播放宣誓视频)。

视频中他们在干什么？他们为什么要高举右手紧握拳头？他们说出的不仅仅是几句话，而是一种铿锵的誓言。

3. 李大钊的故事

这位先生是李大钊，他当时已经是北大教授，文化名人，不仅受中国人尊敬，外国人也要给几分面子。他的月收入达300银元，在当时300银元可以买下一座大房子了。他的生活可以说是衣食无忧，有身份有地位。可是明明生活条件已经这样优越了，他为何还要投入危险的革命斗争呢？

因为他的心中有远大的理想，因为他想的不是一个人的幸福而是人民的幸福，这就是他坚定的信念。(板书：坚定信念)

1927年，敌人疯狂地镇压共产党人，很多人被抓，被杀害，许多革命人士为了安全起见都离开了北京……周围危机四伏，北洋军阀多次下令抓捕李大钊。危险的环境让他的家人朋友担心不已，表姑生气地说："你们老搞这事，也不怕吗？人家那样厉害，兵权在手，今日赶，明日捉，把你们从这儿赶到那儿，你们不是自讨苦吃吗？"李大钊的朋友也劝他离开北京。最担心他要属他的夫人赵纫兰，她也苦口婆心地多次劝说他离开。

为什么大家都要他快离开？

他不仅是革命领袖，他还是丈夫、父亲。如果他遭遇危险，党将失去一位革命领袖，这个家庭也就垮了。可是他让同志们化装转移，而自己却留下来坚持工作，坚持斗争。后来。李大钊被捕，经历了整整22天的折磨，他始终没有说出党的秘密。1927年4月28日，李大钊从容地走上绞刑架，时年38岁。他用自己的生命践行坚定的信念。他视死如归，虽九死而未悔，这就是矢志不渝。（板书：矢志不渝）

小结：坚定信念、矢志不渝就是中华民族最豪迈的气色。

设计意图：通过了解百年前后的中国对比，感受今天生活的来之不易，走进1921年的中国，了解党的奋斗目标，再通过李大钊的事例感受战争年代革命先烈身上的坚定信念和矢志不渝的精神。

（二）坚韧的成色——艰苦奋斗，攻坚克难

1. 造导弹

从红船起航到北伐战争，从南昌起义到二万五千里长征，因为有坚定的信念，无数先烈，身先士卒、矢志不渝。在中国共产党的带领下，全国人民站起来了，新中国成立了。当时的中国，国内一穷二白、百废待兴，工业、农业、经济、军事、科学停滞不前；国际环境不容乐观，西方大国武力威胁、核讹诈。可经历了连年战争，中国再也经不起打了。

当时的中国需要什么？

听到祖国的召唤，有一群人，不远万里，放弃高薪厚禄、优越生活，突破重重困难，从国外回来报效祖国，钱学森就是其中一位，他回国是为了给祖国制造导弹。

中国为什么要造自己的导弹？

（观看视频）钱学森遇到了哪些困难？他是怎样克服的？

教师小结：正是因为有像钱学森这样的科学家攻坚克难、艰苦奋斗（板书：攻坚克难、艰苦奋斗），才有了导弹成功发射。如果说中国的“两弹一星”是奇迹，那创造奇迹的就是先辈们攻坚克难艰苦奋斗的决心。这就是中华民族最坚韧的成色。

2. 行在当下

科学家们通往成功的路途不是一帆风顺的，他们遇到了各种各样甚至我们想不到的困难。我们个人的成长也不会是一路坦途，其实在同学们的学习生活中一定也遇到过这样那样的困难，但是想想，和先辈们遇到的那些关乎国家民族生死存亡的困难相比较，我们的困难简直微不足道。

同学们，你遇到过的最大的困难是什么？是否成功克服了困难，又是怎样克服的呢？（小组交流两分钟，自由分享）

教师小结：是的，事在人为，办法总比困难多。

设计意图：通过了解新中国刚刚成立时百废待兴的艰难，走进钱学森这样的科学家们制造导弹的故事，感受建设时期中华民族表现出的艰苦奋斗、攻坚克难的决心，以前辈的困难反观自己的困难，找到迷茫时前进的动力。

（三）出彩的亮色——不忘初心，接力追梦

同学们，一代人有一代人的使命，一代人有一代人的担当。战争年代，有李大钊这样的革命家坚定信念、矢志不渝；建设时期，有钱学森这样的科学家艰苦奋斗、攻坚克难。当今时代，看似风平浪静，实则暗流涌动，你知道如今中国面临哪些挑战吗？（学生自由发言）

洪水、疫情、经济制裁、科技封锁……面对这些威胁、挑战，新一代的年轻人交出了一份怎样的答卷呢？（插放“00后”抗洪救灾的视频）

这些“00后”哪一个最让你震撼？

小结：国家需要、人民需要的时候，就是他们出动的时候。保护老百姓的生命安全，就是这些最可爱的战士的初心（板书：不忘初心）

同样的年轻人还有很多：曹原，攻克技术难题，助力中国的5G技术领先全球；全红婵，年仅14岁，刷新世界纪录；年轻的航天人，用卫星探测太空；白衣天使们冲在疫情一线；杨倩，获得东京奥运会首金……

时间的巨轮滚滚向前，建设祖国的接力棒不久就会交到同学们的手中，站在两个一百年的历史交汇点，你们将会用什么样的行动去接力追梦？（板书：接力追梦）拿出思考单，写下你的思考。学生思考汇报。

少年启新程

我是一名少先队员，我的名字是（　　　），今年我（　　　）岁了。我要努力成为一名（　　　）（职业），为了实现这个梦想，我要（　　　）（具体怎么做）。

小结：少年智则国智，少年富则国富，少年强则国强，不忘初心、接力追梦就是我们所有中国人最出彩的亮色（板书：接力追梦）

设计意图：通过认识身边的榜样，了解到新时代年轻人的担当，唤起学生心中的爱国之情，激励学生树立远大理想，努力学习，为未来建设祖国打下思想和行动的基础，真正把爱国之志变成报国之行。

（四）总结升华

总结：百年来，一代又一代的中国少年，在建设祖国的征途上不断奋斗。他们坚定信念、矢志不渝、攻坚克难、艰苦奋斗、不忘初心、接力追梦。同学们，勿忘历史，展望未来，准备好，接过建设祖国的接力棒，开启新的征程！（板书）

百年奋斗路　少年启新程

坚定信念　矢志不渝

艰苦奋斗　攻坚克难

不忘初心　接力追梦

设计意图：通过回顾本节课所学所知，让孩子明白共产党 100 年来的风雨历程，揭示主题。

五、班会反思

梁启超先生在他的《少年中国说》中曾有这样一段意味深长的文字：少年智则国智，少年富则国富，少年强则国强，少年独立则国独立，少年自由则国自由，少年进步则国进步！他告诉我们，民族要强大，国家要昌盛，依靠的是每一个中华好少年！

岁月的长河悠悠流淌，榜样的精神代代相传。通过本次主题班会，我和同学们一起从党的百年奋斗史中汲取奋进的力量，进一步引导同学们志存高远，坚定共产主义理想信念，从小树立报国之志，树立热爱党、热爱祖国、热爱家乡的家国情怀，扣好人生第一粒扣子，为将来成为合格的社会主义事业建设者和接班人奠定坚实的基础。我认为本次班会体现了以下三个亮点。

(一) 深入的内涵挖掘

“中华民族到了最危险的时候……”“没有共产党就没有新中国……”这些耳熟能详的话语,对孩子来说只知其文不知其意。本堂班会课中,我通过中国共产党诞生的历史故事,让孩子们知道了共产党成立的时间、创始人、党的宗旨。接着我们一起走进了革命先烈李大钊以民族复兴、人民幸福为己任英勇牺牲的故事。明明自己的生活很富裕,他却选择走一条动荡艰难的救国之路,在危险的环境里坚持斗争,通过一层层深入的提问,引导学生感悟视死如归的坚定信念和矢志不渝的精神。随后我们了解新中国成立初期钱学森回国造导弹的前因后果。为了祖国的强大,为了不落后就被挨打,钱学森放弃了高薪厚禄,冲破重重困难从国外回来报效祖国。以他为首的科学家攻坚克难、艰苦奋斗,在往后的几十年里,发挥了共产党人默默奉献、艰苦奋斗、攻坚克难的精神。

从百年前积贫积弱的中国到如今强大的中国,从救国救亡到建设祖国,从革命先烈到科学家,从先进榜样到我们身边的哥哥姐姐。气色、成色、亮色,民族精神本色在学生心中越来越鲜明。民族精神代代相传,共产主义理想信念的内涵就这样层层深入挖掘出来。

(二) 真实的课堂生成

作为一堂班会课,我们要让学生走进课堂和走出课堂是不一样的,要让学生在课堂上有真实的生成。

这堂课我引领学生追寻一个个问题的答案:党的宗旨是什么? 我们百年改天换地是如何实现的? 作为新时代的少年应该树立怎样的信念? 随着对百年奋斗路了解的深入,有同学潸然泪下,也有同学激情澎湃,同学们畅所欲言,有“好好学习,报效祖国”的雄心壮志,有“巾帼不然须眉”的豪言壮语,当然也有感谢先烈们付出的敬畏之心。我们今天的幸福生活是革命先烈用鲜血换来的,虽然战争已远去,但历史不能忘记。我们要知党爱党,报效祖国,做社会主义事业的接班人。屈辱历史,我们铭记于心;建党历程,激励着每个国人的心;祖国强大,我们引以为豪。学生在这节课体会到祖国从站起来到富起来再到强起来走过的艰难,激发出了他们的爱国热情。从了解百年前的中国,到感悟民族精神再到传承民族精神最后践行民族精神,孩子们随着我的引导，思想感情油然而发，最后发自内心地写下自己作为少年的誓言。这发自内心的少年诺言，就是一颗爱党爱国的种子，一颗自强不息努力奋斗的种子，未来这颗种子会生根会发芽，会茁壮成长。

（三）积极的课堂点评

我对于学生的回答，全身心投入倾听，积极地进行评价，从正向进行激励，善于抓住教育契机追问或点评，富有感染力的评价语言顺水推舟般促进了教学目标的达成。

“这事关人民的尊严”“他是用什么创造奇迹的”“他的心中装着祖国”“真是一个小小的巾帼英雄”这些评价语言因人而异，因时而异，因发生的情况而异。

（四）不足与思考

德育的形式应该丰富多彩，体现创新。这节课多以视频为主，在创新上还需开发。这节课我努力抓住教育改革的脉搏，加入新的教育理念，唱响新时代的旋律。在选材上我还可以多选择一些新鲜的热点事件，比如“孟晚舟回国”等，用这些重大事件中做出努力的人、企业、国家部门，来感染和影响同学们感受国人的众志成城。

好同桌 "慧"相处

赵 盼

一、背景分析

同桌是学生成长过程中的重要伙伴，良好的同桌关系有助于儿童建立良好的人际关系，也有助于营造良好的班级氛围。因此，教师应对学生的同桌关系状况予以重视，帮助学生掌握与同桌进行友好人际交往的方法和秘诀，学会正确地处理同桌之间的矛盾。

根据学生们经常反映的同桌之间的冲突问题，本节班会课旨在通过情景剧、活动、感受分享等方式引导学生了解人际交往的黄金法则——像你希望别人对待你那样对待他人，学习并掌握与同桌相处的基本方法，与同桌互助互爱，能够欣赏同桌的优点，赞扬同桌的长处，懂得谦让、宽容，能运用所学到的同桌相处秘诀化解同桌之间的矛盾。

二、班会目标

(1) 使学生认识到良好同桌关系的重要性，了解人际交往的黄金法则，掌握与同桌相处时互助互爱、赞扬欣赏、尊重理解、谦让宽容等基本技巧。

(2) 引导学生感受与同桌友好相处的愉悦之情，产生与同桌建立友好关系的意愿。

(3) 引导学生运用所学到的互助互爱、赞扬欣赏、尊重理解、谦让宽容等技巧与同桌建立积极的人际关系，并能够更好地化解同桌之间的矛盾。

三、班会准备

PPT 课件、学习任务单(“友谊卡”)。

四、班会过程

(一) 游戏导入，热身暖心

同学们好，欢迎来到心理主题班会课堂，一起读出我们的心灵约定：认真倾听、积极参与、乐于分享、保守秘密。

希望同学们带着我们的心灵约定，开启今天的学习之旅。首先我们来玩一个“人物对对碰”的游戏。

游戏规则：老师说出一个词，你说出一个与之有关系的词语。比如，我说“班主任”，你应该说——“××(老师)”。反应要快，明白了吗？现在开始。

大家的同桌都不一样，你的同桌是谁？你的呢？提问三名同学。你能用一个词形容你的同桌吗？

今天的这堂课就和同桌有关，请大家齐读课题。(板贴：好同桌“慧”相处)

(二) 介绍我的同桌

同桌是我们最熟悉的人，一天当中，你和他相处的时间甚至比你和爸爸妈妈相处的时间还要长。你了解你的同桌吗？你喜欢他吗？让我们介绍一下自己的同桌。

(1) 先来看这位同学是怎样介绍的。播放视频。

(2) 介绍同桌。

我的同桌叫____________________。

他/她有__________、__________、__________特点。

我喜欢他/她的____________________。

把同桌的优点写在黑板上。

你认为，你的同桌是好同桌吗？

（指名同学）听了同桌对你的夸赞，你的心情如何？

总结：孩子们，你们特别了不起，都能发现同桌身上的闪光点。可是老师知道有一位同学，她最近却很烦恼，她想换同桌。来看一看朵朵和她的同桌之间发生了什么故事吧！

（三）化解同桌小矛盾

播放视频《朵朵想换同桌》的前半段

视频看完了，你有什么感受？

在你的学习和生活中发生过类似不愉快的事情吗？

那就请你们来帮一帮朵朵和明明，当遇到他们的这些小冲突的时候，应该怎样说，怎样做呢？请同学们以小组为单位，选择一个矛盾情景，在小组内讨论交流，同桌演一演正确的做法。

（同桌表演，班内表演）

师：看了他们的表演，大家有什么感受？

相机板书同桌相处小秘诀：互助互爱、赞扬欣赏、尊重理解、谦让宽容……

听了大家的意见、看了大家的表演，朵朵和明明都反思了自己的行为，有了新的想法，我们来听一听他们是怎么说的吧.

（播放视频《朵朵想换同桌》的后半段）

师：有了同学们的帮助，朵朵和明明都成长了很多，他们决定不换同桌啦。

（四）游戏“你拍拍，我拍拍”

孩子们，刚才我们通过分享、交流、表演，找到了这么多同桌相处的好方法。老师奖励大家玩一个小游戏，这个游戏叫“你拍拍，我拍拍”。

教师邀请一对同桌，边做边讲述规则：请你和同桌转向一面，首先你来轻轻地为同桌拍拍背，要拍两个八拍；然后再换过来，让同桌为你拍两个八拍。然后再换再拍。力度适中，心情放松，把同桌拍舒服。音乐停，你就停。

学生同桌互相拍背放松，教师巡视指导。

学生互拍两组后，教师询问学生游戏感受：你舒服吗？为什么？同桌是如何拍打你的，你是如何拍打同桌的？

如果人家给你重重地拍，你也会给人家重重地拍；如果你想要人家给你轻轻地拍，你就要先给同桌轻轻地拍！也就是说，你想要人家怎么样对待你，你就要先这样对人家。在与同桌的交往中，往往是你付出什么，就能收获什么，人与人之间的交往是相互的。这就是人际交往的黄金法则。

（板贴：黄金法则）

我希望别人帮助你爱护你，我也会____________

我希望别人____________，我也会____________

当然，如果我不希望别人怎样对待我，我也不能这样去对待别人，正如论语中所说的“己所不欲，勿施于人”。

同学们，赠人玫瑰，手有余香，这个人际交往的黄金法则也是同桌相处的智慧。

同学们，我们学习了这么多充满智慧的好方法，还了解了黄金法则，现在请你回忆一下你和同桌之间发生的小冲突，现在你会解决了吗？

（五）制作同桌友谊卡

同桌是我们在学校里交往最多的人。下面请你们拿出友谊卡，如果你们同桌关系很好，一定要好好珍惜，在友谊卡上写上感谢同桌的话。如果你们曾经发生过某些误会，或在不经意间曾经伤害过对方，借这个机会，真诚地向他（她）道歉吧，在友谊卡上写上道歉的话。（书写友谊，播放音乐）

分享友谊卡。

同桌谈感受。

（六）名人名言

古今中外很多名人对于友谊、友情都有自己的看法和见解，请同学们读一读这些名人名言。

谈到名声、荣誉、快乐、财富这些东西，如果同友情相比，它们都是尘土。

——达尔文

真正的朋友不把友谊挂在口上，他们并不为了友谊而互相要求点什么，而是彼此为对方做一切办得到的事。

——别林斯基

喜欢别人，又能让别人喜欢，才是世界上最成功的人。

——戴尔·卡耐基

老师也希望，你的同桌能成为你的好朋友。请同学们起立，一起跟唱歌曲《你是我的好朋友》。

美好的时光总是短暂的，感谢同学们一节课的陪伴。

五、班会反思

本节班会课以“黄金法则”为内核，通过情境体验、互动实践与情感表达等多元形式，引导学生感悟同桌相处的智慧，取得了良好的育人效果。

（一）情理交融，知行合一

（1）本节班会课通过情境代入，激活学生情感共鸣。“朵朵想换同桌”的情景剧设计巧妙，真实呈现了学生日常交往中的典型冲突（如边界、沟通问题）。这种“身边事”迅速引发学生共情与思考，为后续探讨“如何做”奠定了迫切的心理基础。小组合作演绎解决之道，更是将抽象道理转化为可操作的行为模式，学生在角色扮演中自然内化了“互助互爱”“谦让宽容”等相处秘诀。

（2）“你拍拍，我拍拍”游戏让学生通过身体力行的互动，学生直观体验到人际交往的核心——“你希望别人怎样对待你，你就要先怎样对待别人”。这种具身体验胜过千言万语，将抽象的“黄金法则”和“己所不欲，勿施于人”

的古训，转化为学生刻骨铭心的感受，有力促进了认知到行为的转化。

（3）“友谊卡”环节营造了安全、温暖的表达场域。无论是书写感谢还是表达歉意，都为学生提供了情感释放和关系修复的珍贵契机。音乐氛围的烘托、真诚的分享交流，让积极情感在课堂流动，有效增进了同桌间的理解与接纳，将课堂所学落到了情感连接的实处。

（二）认知提升，意愿增强

在本节班会课中，学生不仅深刻认识到良好同桌关系对个人成长和班级氛围的重要性，更通过活动掌握了“赞扬欣赏”“尊重理解”等具体技巧。课堂中踊跃的分享、投入的表演、专注的书写以及课后观察到的同桌间更友善的互动，都表明学生产生了建立和维护积极同桌关系的强烈意愿。

（三）深化延伸，关注个体

（1）虽然提炼了“互助互爱”等关键词，但面对复杂冲突，学生可能仍需更具体、分步骤的解决策略指导。未来可增加“冲突解决锦囊”微课或案例辨析。

（2）“友谊卡”是美好开端，但关系维护贵在持久。可考虑设立定期的“同桌夸夸日”或“悄悄话信箱”，鼓励持续的正向反馈与问题沟通，将班会效应延伸至日常。

（3）对于在活动中表现出明显困扰或关系特别紧张的学生，需在课后给予个别关注和心理辅导，提供更具针对性的支持。

每个人都是独一无二的自己

王瑞玲

一、背景分析

（一）学情分析

1. 自我评价能力尚在发展中

三年级学生正处于具体运算思维阶段，其自我评价能力尚未完全独立。他们的自我认知和行为准则显著依赖于成人的外部评价（如教师、家长），缺乏稳定的内在标准和自觉性，容易将他人的看法内化为自我判断。

2. 评价维度单一且易走极端

学生的自我评价往往呈现简单化、片面化的特点，倾向于非此即彼的二元判断（好/坏）。同时，评价也容易陷入极端化倾向：要么过度聚焦优点而回避或否认缺点，形成膨胀式自我认知；要么过度关注自身不足而忽视优点，导致自卑倾向。这种不稳定的自我认知是此阶段学生心理发展的典型特征。

（二）主题解析

基于上述学情，本次班会旨在引导学生构建更全面、客观的自我认知图景。核心目标是让学生深刻理解并认同“每个人都是独一无二的个体”。

这意味着：学生要认识到自身拥有多元化的优势与潜能，也客观承认存在特定的不足与局限。理解个体是“优点与缺点并存”的有机整体，没有绝对的完美。学会接纳自身的独特性，既不因优点而妄自尊大，也不因缺点而妄自菲薄。引导学生在肯定自我价值、建立自信的基础上，积极发掘自身优点并努力发扬，同时以开放包容的心态正视自身不足，并乐于向他人学习以取长补短。最终促进学生形成健康、积极、稳定的自我概念，为个性发展和社会性成长奠定坚实的心理基础。

二、班会目标

（一）提升自我认同与自信

通过多元化的体验活动，引导学生发现、列举并积极肯定自身的优势与特长，深刻认识到“我”的价值所在，初步形成积极的自我概念，增强自信心。

（二）培养客观全面的自我认知与学习意识

帮助学生理解“金无足赤，人无完人”的普遍性，认识到每个人（包括自己）都有需要改进之处。引导学生学会坦然接纳自身不足，并激发其主动向他人长处学习的意愿和行动力。

（三）塑造积极进取的健康心态

在形成客观、全面自我认知的基础上，培养学生乐观向上的生活态度和持续发展的进取精神，使其获得内在动力，愿意为成为“更好的自己”而努力。

三、班会准备

学生准备：思考自己有哪些优点和不足，能用“我能我会……”和“我不能我不会……”来表达。

教师准备：① 设计课堂活动与学习单；② 组织学生录制个人、孔雀和百灵鸟的音频；③ 制作课堂教学课件。

四、班会过程

在这个世界上，大家能不能找到一个和自己完全一样的人？每个人都有自己独特之处，今天我们的主题就是每个人都是独一无二的自己。

（一）我自信我最棒

今天老师给大家带来了一段音频，大家猜猜他是谁？

1. 对对碰

（1）听声辨人，找优点。

教师播放一段音频材料——《我的自画像》。

大家能猜出这是谁吗？她有什么优点？（学生回答）

（2）指缺点，促改正。

她有什么缺点？你有办法帮助她改掉缺点吗？

（课件出示活动指南）

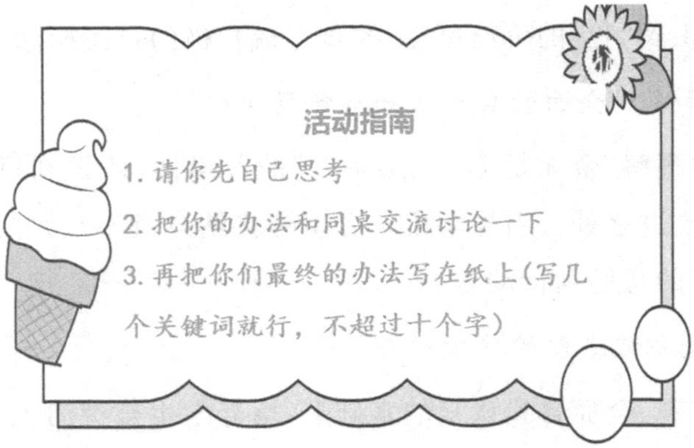

学生完成后全班汇报交流。

合作一：你们有办法帮她改掉缺点吗？

我同桌的办法是：________________________________

我们最终的办法是：________________________________

请音频中的同学谈谈自己的感受。

设计意图：以《我的自画像》音频为媒介，创设趣味情境。此活动旨在提供“认识自我、表达自我”的范例；引导学生将注意力首先投向发现并欣赏他人优点，为后续自我发掘铺垫；通过猜测游戏降低谈论自我的紧张感，营造安全氛围。

2. 体验坊

其实我们每个人都有各自的优点，接下来让我们进入体验坊，与优点面对面。

（1）跷拇指，我很棒。请为自己竖大拇指。竖起大拇指移向胸前，并微笑着大声对自己说：“我很棒”，并且每人说出三句赞美自己的话，然再对同位说三句赞美的话。

（学生活动）

（2）转转圈，来组合。咱们请 11 位同学上台，音乐《找朋友》响起，大家开始转动，音乐停，两两组合，落单的那个同学淘汰，组合成功的同学互相说出你面前这个同学的优点或者值得自己欣赏的地方。

（教师播放音乐《找朋友》，台上的 11 位同学进行游戏）

咱们台下的同学，都听到了什么？你认为他们的评价真实吗？你想夸夸台上哪位同学？为什么？（学生回答）

游戏进行 4 轮，所有同学都有上台参与的机会。

（3）循环写，夸夸我。每人一张纸，先独立在合作二中写下自己的一个优点，如我读书多、我书写特别认真等，然后小组内循环写小组内另一个同学的优点，直到自己的纸重新回到自己手中。

合作二：你的优点我知道

____

____

谁能来读一读同伴为你写出的优点？（指名学生回答）

当看到别人这样夸自己时有什么感受？

（学生小组内交流，指名回答）

小结：原来，我们每个人都有这么多的优点！在同学们眼中，我们是如此的出色。所以同学们，不必羡慕别人，发扬自己的长处，做更好的自己就是最棒的，是不是？

设计意图：通过具身化的动作和积极的自我言语，进行积极的自我暗示与强化；利用游戏机制增加趣味性和参与度，促进同伴间的即时、具体、真诚的积极反馈；组内循环书写的形式，让学生更自由、更广泛地收集同伴视角下的优点，确保每位学生获得多元反馈。这种“自我夸赞—同伴口头互赞—同伴书面互赞”的递进式活动设计，多角度、多层次地帮助学生发掘、确认和强化自身优点。尤其关注平时易被负面评价掩盖的学生，通过同伴的视角使其获得宝贵的积极反馈，有效提升自我效能感和班级凝聚力。

（二）尺有所短，寸有所长

谈话：我们每个人的优点都有很多，那就是说我们是一个完美的人，对吗？

1. 对对碰

（1）听故事，谈想法。教师播放《孔雀和百灵鸟的故事》。

听了燕子的感叹，你有什么想法？

（小组内交流，全班汇报）

小结：是啊，孔雀长得非常漂亮，可它的歌声却比百灵鸟差远了。它只看到自己的长处，却没有看到自己的短处，骄傲自大，让别人感到很不舒服。

设计意图：以《孔雀和百灵鸟》的寓言故事为切入点，生动形象地揭示“只看到长处而忽视短处会导致骄傲自满，令人不适”的道理。引导学生思考片面自我认知的危害，自然过渡到正视自身不足的必要性，为下一活动做认知铺垫。

2. 体验坊

优点再多的人也有缺点，正视这些缺点并且改进，会使自己更加优秀。接下来我们进入体验坊，与缺点面对面。

（1）我的缺点大家帮。

课件出示活动指南。

活动指南

1. 在刚才的循环纸上写下自己最大的缺点(只写下几个关键词就行)。
2. 在小组内说说自己的缺点，让大家帮你想想改正缺点的办法。

小组内讨论交流，真诚地为组员想办法。

教师巡视参与指导。

(2) 全班汇报。学生汇报自己的缺点有哪些，小伙伴为自己想的办法是什么。

老师询问其他同学还可以为他想什么办法，？学生回答。

小伙伴为你想的这些办法，你能接受吗？愿意努力改变自己的缺点吗？你想为改变自己的缺点做哪些努力？写一写吧。

学生动手写一写，并与同桌交流。

(3) 如果犯了错误，我们应该怎么对待呢？学生回答。

有缺点要改掉，犯了错要勇敢面对并及时改正。

设计意图：在认识到优点的基础上，引导学生理性、坦然地接纳“人无完人”。通过故事启示、小组互助、全班献策、个人承诺、趣味游戏等环节，帮助学生安全地暴露不足、学习寻求和接受帮助、探讨改进方法并萌生改变的意愿，培养解决问题的积极态度和初步能力，避免自我评价走向自负或自卑的极端。

3. 猜猜我是谁

现在请大家制作个人名片，在上面写下自己的若干长处和不足，交给老师以随机抽取的方式让大家猜猜卡片的主人是谁。

学生制作个人名片，教师巡视指导。

完成的交给老师。全部完成后，教师随机抽取，读出名片的内容，学生猜猜这是谁。

设计意图：通过制作包含“若干长处和不足”的个人名片，并随机抽取猜测，以一种轻松有趣的方式，促使学生练习进行初步的、相对全面的自我描述（优点＋缺点）。以游戏形式降低谈论不足的敏感性，同时检验学生对彼此特点的了解程度，强化“每个人都是优缺点并存”的客观现实。

（三）综合评价自己

世界上没有完全相同的两片叶子，也没有两个完全相同的人，即便是双胞胎也不完全一样。

（1）客观评价自己。你到底是什么样子的呢？你能客观地评价自己吗？

（学生独立思考，全班交流）

（2）续编诗歌《我就是我》。

我就是我

我是独一无二的我，
我是绝无仅有的我，
我是千年不遇的我，
我是不可替代的我，
我是日新月异的我，
我是……

“我”还是什么样的“我”？你能继续编写吗？

（学生尝试续编）

展示学生续编的诗歌，学生们交流。

小结：每个同学都是与众不同的，都是独一无二的，所以我就是我！相信自己，我能行！请大声喊出我们的宣言：我爱我自己，我要做更好的自己！让我们手拉手，走向成功！

设计意图：将前期的认知与体验进行凝练与升华。通过理性反思（客观评价）和感性表达（诗歌续编），引导学生最终形成“我是一个既有优点也有缺点，并且独一无二、不断成长”的整合性自我认知。宣言环节则将个体的自我接纳与集体的共同成长愿景联结起来，激发持续发展的内在动力。

（四）畅谈收获

通过这节课的学习，你有什么收获？今天课堂上哪个环节给你的印象最深？

（指名分享收获）

课下大家可以把你印象最深的环节回家讲给爸爸妈妈听！

设计意图：通过开放式提问（收获、印象最深的环节），引导学生回顾、梳理和巩固本次班会的核心认知与情感体验。分享过程本身也是学习效果的反馈和经验的交流。鼓励学生将课堂所得分享给家长听，旨在延伸教育效果，促进家校沟通，使家长了解孩子的自我认知发展，共同给予支持。

五、班会反思

本次以“每个人都是独一无二的自己”为主题的班会，其核心教育价值在于引导学生构建健康、稳定、客观的自我认知体系。这是学生形成健全人格、发展社会性、激发成长内驱力的基石。依据相关发展理论，小学阶段（学龄期）的关键发展任务是获得勤奋感、克服自卑感，而健康的自我概念是获得勤奋感的重要前提。

（一）设计理念与实施亮点

1. 紧扣学情，循序渐进

设计充分考虑了三年级学生自我评价依赖性强、易片面极端的特点。活动由“发现优点”（建立自信基础）到“正视不足”（促进全面认知），再到“综合评价”（实现整合升华），逻辑清晰，层次递进，符合认知发展规律。

2. 体验为主，形式多元

摒弃说教，创设了丰富多样的体验式活动（听音猜人、自我宣言、互动游戏、小组讨论、循环书写、故事启发、卡片游戏、诗歌创作）。学生通过亲身体验、同伴互动、深度参与，在愉悦、安全的氛围中主动建构知识，内化情感。特别是同伴互评（口头＋书面）环节，效果显著，有效放大了积极反馈的力量。

3. 聚焦“独特性”与“成长性”

活动始终围绕“独一无二”的核心，并通过“日新月异的我”、改进承诺、做“更好的自己”等表述，巧妙融入成长理念，强调自我是动态发展的，激发学生的进取心。

4. 营造积极班级文化

活动设计天然,促进了同伴间的真诚欣赏、互助合作与彼此尊重。“夸夸我”环节不仅提升个体自信,更在班级中播种了积极关注、正向沟通的种子,有助于形成温暖、支持性的集体氛围。

5. 认知与情感并重

不仅引导学生理性认识优缺点,更注重情感体验(自信感、价值感、被接纳感、改变的意愿)。诗歌续编和集体宣言是情感升华的高光点。

(二) 反思与提升空间

小组讨论提出的“金点子”和学生的承诺,需要后续的跟进与支持,如设立小目标打卡、定期回顾班会承诺、教师个别鼓励等,才能转化为持续的行动和真正的改变。班会仅是起点,需融入日常教育。

本次班会通过精心设计的体验活动,有效地帮助三年级学生迈出了正确认识自我、悦纳自我、立志完善自我的重要一步。学生初步建立了“我是独一无二且有价值的”“我有优点也需改进”的平衡认知,获得了宝贵的自信体验和同伴支持,并萌生了成长的动力。这为其后续的心理健康、社会适应和学业发展奠定了积极的基础。教育是一个持续的过程,本次班会的理念和成果需要在日常教育教学中不断巩固和深化。